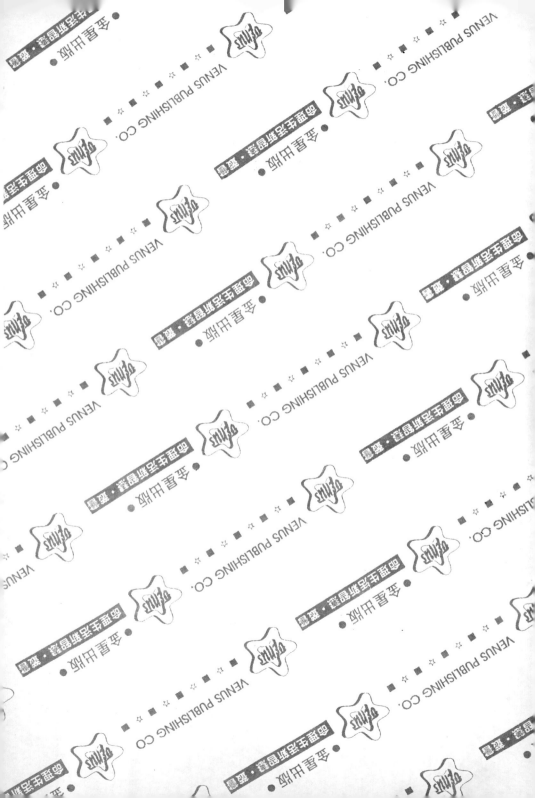

命理生活新智慧・叢書 49

紫微命格論健康

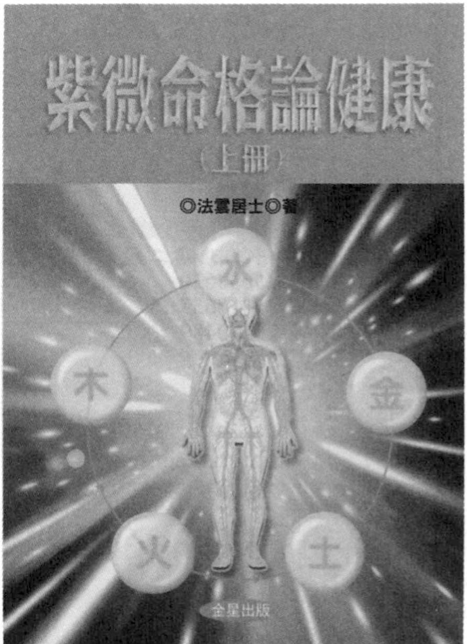

http://www.venusco555.com
http://www.venusco.com.tw
E-mail: venusco@pchome.com.tw

法雲居士⊙著

金星出版

國家圖書館出版品預行編目資料

紫微命格論健康／法雲居士著，--第1版.--
臺北市：金星出版：紅螞蟻總經銷，
2002[民91]　面；　公分--（命理生
活新智慧叢書；49）

ISBN 957-8270-40-2 （平裝）

1.命書

293.1　　91007046

紫微命格論健康

作　　者：法雲居士
發 行 人：袁光明
社　　長：袁靜石
編　　輯：王　翔
出 版 者：金星出版社
地址：台北市南京東路[illegible]段201號3樓
電話：886-2--25630620•886-2-2362-6655
址已變更
FAX：886-2365-2425
郵政劃撥：18912942金星出版社帳戶
總 經 銷：紅螞蟻圖書有限公司
地　　址：台北市內湖區舊宗路二段121巷28・32號4樓
電　　話：(02)27953656(代表號)
網　　址：http://www.venusco555.com
E-mail　：venusco@[illegible]

版　　次：2002年5月第1版
登 記 證：行政院新聞局局版北市業字第653號
法律顧問：郭啟疆律師
定　　價：300 元

行政院新聞局局版北字業字第 653 號

ISBN：957-8270-40-2 (平裝)

序

這套『紫微命格論健康』上下冊二本書，原本計劃很早便要出版的。自從我在已出版的書冊後頁作預告的時候，就有許多讀者來電話預約，可見很多朋友是為疾病所困擾。

在五術中，山、醫、命、卜、相為『通世之術』。在『四庫提要』中的《敘術數類》文中云：『術數之興，多在秦漢以後，其要旨，不出乎陰陽五行生剋制化；實皆『易』之支派，傳以雜說耳。』這是很好的說明。五術中有一個共通性，它們都是由『易』經發展出來的支脈。就連中醫的論斷病理吉凶，也都是由陰陽五行的生剋制化解釋得淋漓透徹的一門學問。因此研究命理的人，懂命理的人，大多都懂得一些病理成形的因素和養生之道。

在這本書中，我想講的是：依據紫微命格，每種命格的人身體上所會展現的狀況。是健康的？或是會生那一類的病症，或是須要如何的保養。先從命格中來觀察身體的問題。將之注意預防，有了大前題在，範圍縮小了，養生之道便行得輕鬆了。

很多人忌諱談生病的事，但卻想知道到底自己的身體好不好？人生數十年，那有人不生病呢？許多人突然得了重病或怪病，不好醫治，再緊張的到處求醫，很痛苦。也會有很長一段時間往來於醫院之間，浪費了大好時光，也使自己的命運坎坷不濟。有些小孩，自出生便被病魔折磨，經日在醫院進出，這些有天生帶疾小孩，從命理的角度上也有許多成因，這原是可以避免的，只是這些父母缺乏這方面的知識罷了。

健康是『人』生命的資源，也是『人』天生的財富。更是『人』生命的基礎。健康狀況好的人，運氣就會好，賺錢也會容易。很多人運氣一不好，便生病不停，久久不癒，狀況好似將凋謝的植物花朵。

在人一生中看得到的財，是我們生活用度的優裕和工作、事業上的發展。健康也是一種財。它雖然不能像金錢一般來數數，但它確是支撐生命存活、延續及打拼事業，享用生活物資最最基礎的基石，是每個人不行缺少的。

在這套書中，我也會談到一些養生之道或保養的問題。

在人的命格中，雖然疾厄宮代表了你的健康狀況，但是每個人的人生和命理是整體性的，因此整張命盤中的十二宮都有你可能發生的健康問題存在。有些是傷災、開刀的問題，有些是車禍、生病、火傷、燙傷的問題，逐一不同，這些都會影響健康。因此人雖然有些是天生會生病的命體，或因遺傳致病的命體，也有些是後天影響會遭災、遭傷、殘障的命體。這些後天所影響的命體，絕對可預先經由預知災禍發生的方式來預防的。例如精算流年、流月、流日、流時，便可精準的躲去災禍、躲去傷殘的現象，而保護好完美無缺的命體。另一些會有天生疾病或遺傳致病的脆弱命體，也可藉由良善的養生之道來加以預防犯病的時期，或由後天的滋養來增加生命體的強壯度，來改變脆弱體質，使之更能有抵抗病菌的免疫力，而加強生命力。

一般來說，命格上是『機月同梁』格的人，比較要注意保養身體。而『命、財、官』是紫、廉、武、貪、殺、破的人，比較要重視傷災預防的問題。當然這也要從命格中確實去探討才能訂出真正的健康經營之道。

健康問題是每一個人都會具有的問題。也是每一個人都會或多或少會發生的問題。在我們努力打拚事業、努力向上，在迎接大好美麗人生的時候，若沒有事先好好經營、留意，這可能會是你正在享受財富、或享受成功人生時的一顆不定時會爆發的炸彈，到那時再來後悔就晚了。

現代醫藥發達，許多新藥品問世，很多病症都已然不是絕症了，但仍要早發現、早治療才有效。目前人的壽命期也大大提高，因此這套『紫微命格論健康』的書，便是提醒你、叮嚀你，在自己的健康問題上早做經營、研究、規劃、預防、診治的一部書。希望能對大家有益。

法雲居士　謹識

命理生活叢書49

紫微命格論健康《上冊》

目錄

下冊目錄

前言

『紫微命格論健康』這套上、下兩冊書是我早就想寫的一套書。因為命理學的題材太多，寫都寫不完，所以一直拖延至此時才出版此書。

中國的命理學是以陰陽五行做基礎的，是以研究人類出生以後生存在宇宙之間的環境影響到人之行為模式、主導致人之命運與人生方向的問題，而加以探討的學問。

中國的醫學，也是以陰陽五行為基礎所發展出的醫道治療、養生及營衛氣血的模式學問。所以山、醫、命、相、卜等五術，一以貫之的就是陰陽五行之學。

命理學和中醫學是息息相關的科學

命理學和一個人之健康，和中醫學是息息相關，同出一源的科學。早在三千多年前之周書洪范篇中記載著：『水曰潤下，火曰炎上，木曰曲直，金曰從革，土爰稼穡。』這種觀念和名詞在命理中都形成命理格局的名稱，例如『潤下格』、『炎上格』、『曲直仁壽格』、『從革格』、『稼穡格』等等。在春秋戰國時期，古代醫家把五行和陰陽的學說應用到醫學上，成為醫學基礎理論的主軸。

命理學講求陰陽、五行的生、剋、制化、反剋、反生。中醫學也講求五行的相生、相剋、制化、相乘、相侮的觀念。這些觀念與理論基礎都是完全相同的。

其次，中國人的精神思想講的是『天人合一』，中醫整體理論觀念則建築在『天人相應』上。『天』指的是自然環境，『人』指的是人體。也就是說在自然環境中春夏秋冬、四時陰陽寒暑的變化會影響到人。人能適應自然變化、環境變化好的，便不會生病。適應不良的，便會生病。《素問》四氣調神論中便有這段話：『陰陽四時者，萬物之終始也，死生之本也。逆之則災害生，從之則疴疾不起。』

而命理學探討的也是宇宙自然環境中對人體、人命、前途、生存的變化、吉凶。所以這根本是從兩個方面在為人看病，一是從精神上，一是從形體上來著手為人看病、治病。因此這是殊途同歸的科學。也是將自然與人文一起結合的共同科學。

命格格局常帶有特定的病症

命理和醫理是相通的，由命格的特徵來看其人，健康的強弱與病症，這是命相者常能一目瞭然的事。就像八字火旺、缺水的人，生於夏季午月，或支成火局而缺水的人，定有腎臟不好、肝臟也弱、眼目不佳的問題。自然連帶的，子息也不多了。嚴重的，會沒有子息，或有洗腎、換腎、生命不保、不長壽的現象。其實此現象在許多夏日所出生的人，又具有『暴發運』命格的人的身上常會看得見。

另外，在八字命理中形成土木對峙格局的人，和紫微命理中，命宮主星是屬木的星曜居於土宮，或是命宮主星是屬土的星而居於木宮的人，會有腹中疾病，有肝、腎、腸胃不好及其他的腹中疾病，嚴重時會有開刀的狀況。

這本『紫微命格論健康』一書，分上、下冊。我想在上冊中詳細的列出每個命格所可能發生的病症。很多病症的發生是有連帶的關係的，例如肝不好的人，腎一定也會不好。腎不好的人，肝也會不好。另一些病症是衍生出來的，例如脾臟不好的人，會有皮膚病。肝臟不好的人，傷口癒合復原的速度慢，也會有皮膚病、毒素無法排解的問題。所以我在列舉病例上，列舉的很多，但有些病症你不一定會犯、會發生，只是提供你參考而已，可小心防範而已。在下冊中，再來談怎樣利用自己的命格、命理來探究生理和病症的原因。有時候人之生理、身體尚健康，但命格有傷剋，是屬於傷災、殘疾方面後天形成的問題。這方面我們要討論如何避災解難。

醫療糾紛可藉命理知識來減少

近來我在媒體上常看到一些病家有醫療糾紛、投訴無門，甚至於抬棺抗議的。具媒體批露，有醫療糾紛的狀況時，能得到解決、官司打贏的機會的病家只有百分之十四的機會。其他都是醫生、醫院在官官相護，在醫療訴訟上佔有絕大的優勢。有時從一般旁觀者明眼人的角度來看，也可輕易的發現醫生有嚴重的疏失，但最後是不了了之，做了應付式的小小賠償和解了事。

去年有一位母親帶著一位上國中的小女孩來找我論命，這位小女孩有脊椎骨彎曲的毛病，曾到台大開刀診治，但沒有治好，反而愈來愈嚴重，已將要壓迫心臟，危及生命了。這位母親十分著急，找原診治的醫生，醫生沒辦法，還自稱自己的醫術有八十分。而且不願再負責任、不醫了。這位母親只好再求其他的名醫，跑遍台灣南北，只要醫院中的醫生聽到曾是那位醫生開過刀的，便無人再肯替這位小妹妹醫治。這位母親十分頹喪和痛苦，身心受煎熬，眼看著小妹妹的生命、健康受到壓迫，一天比一天厲害，真有走頭無路的感覺了。

看病要注意運氣、吉日和吉方位

凡是人都有運氣，看病要講求時間性。好的時間你所遇到的醫生會是有道德、技術好的良醫，會為你析心診治。你也會受到好的、尊重的，周到的對待。不好的時間去看病，容易遇到庸醫。自己身體上的創傷、病痛也不容易復原長好。

而且看病還要注意方向的問題。要找到合於自己喜用神方位的醫院、醫生去看病治療，會得到好的治療，也容易康復。若不小心走到喜用神忌方、死方的方位之醫院或找醫生，小病都能醫死人。電視節目中常討論一些人因小病或生產，原本很輕微的小事而不幸死亡的情形，讓家屬難以置信、接受，往往都是這樣發生的。

以上這些有關於醫療問題方面的狀況，如何找對醫生，找對醫院、找對時間、找對方向來看病，我會在下冊中一一說明。

用心過生活，可保一世太平安泰

每個人的一生，沒有不生病的，一些是氣候寒暑變化所造成的，一些是天性遺傳因素所造成的，一些是後天傷災，或環境所造成的。但是人為了保一世太平，要使自己活得好，有了病體能得到完善的醫治，轉為健康，人就不能不多用心過生活。不管你是否已經是身體有毛病或是沒毛病的人，你都可先從紫微命格中先預測到你可能發生的病症，那些身體部位較弱，需要保養或診治。再從這些方面去著手。例如肝臟不好的人，就多去尋找肝臟方面的醫學書籍和資料，瞭解如何保護肝臟，自己先去學習這方面的知識，確實瞭解自己的身體狀況。其次再多打聽有關治療肝臟的良醫。要知道其人醫德和醫術如何，有備而無患。這樣你就不會在發病時，被醫生蒙蔽、耽誤，而且在有病時，也會得良醫而診治復原了。

紫微命格論健康

大多數的人，都是不生病時，對自己的身體也不關心，吃喝遂意。到了生病時，急忙的亂投醫。有時甚至認為是小病無所謂，等到大病再來想辦法，這種態度是不對的。每個人真正要善待自己，就是要對自己的身體負責任，保持自己身體的優質程度。健康是生命的資源，也是一種財。健康不好的人是賺不到太多財富的。這本書一方面是提醒大家由命理方面來注意自己身體較弱的部份，一方面是提供一些有利於自己身體健康與治療的時間和方法，希望對大家有利。

▼前言

第一章　命理和醫學病理的關係

第一節　陰陽五行與紫微命理的關係

命理學就是由陰陽五行的觀念所演變出來的。自然紫微命理與陰陽五行的關係深遠。紫微命理中每一顆星曜皆有陰陽與五行所代表之意義存在。也就是說：無陰陽、無五行，便根本無從談命理，也無法算命了。

譬如說：紫微的陰陽五行是己土、屬陰。天機的陰陽五行是乙木、屬陰。太陽五行是丙火、屬陽。武曲五行是辛金、屬陰。天同五行是壬水、屬陽。

以下是星曜五行及陰陽類別：

星曜	五行	陰陽
紫微	己土	陰
天機	乙木	陰
太陽	丙火	陽
武曲	辛金	陰
天同	壬水	陽
廉貞	丁火	陰
天府	戊土	陽
太陰	癸水	陰
貪狼	甲木	陽
巨門	癸水	陰
天相	壬水	陽
天梁	戊土	陽
七殺	庚金	陽
破軍	癸水	陰

星曜	五行	陰陽
祿存	己土	陰
文昌	辛金	陰
文曲	癸水	陰
天魁	丙火	陽
天鉞	丁火	陰
左輔	戊土	陽
右弼	癸水	陰
擎羊	庚金	陽
陀羅	辛金	陰
火星	丙火	陽
鈴星	丁火	陰
地劫	丙火	陽
天空	丙火	陽
天馬	丙火	陽

星曜	五行	陰陽
天刑	丙火	陽
天姚	癸水	陰
紅鸞	癸水	陰
天喜	壬水	陽
天哭	庚金	陽
天虛	丁火	陰
孤辰	丙火	陽
寡宿	丁火	陰
化權	甲木	陽
化祿	己土	陰
化科	壬水	陽
化忌	壬水	陽

※當命盤格式排定命宮主星出現時，並知道座落何宮位，則命格的生剋制化就已決定。而人一生的吉凶榮辱，以及身體好壞、疾厄健康便已呈現。這便是人先天性人生資源了。在人出生之後的命運、吉凶、變遷，又是由於人先天的思想，以及人生資源中的環境所影響、導向在一特定之軌道上運行的。因此人先天的命格大致也決定了後天的成就與命運，先天所形成五行的生剋制化，大致也塑造了後天的命運體了。

第二節　五行在醫學上所形成『天人相應』之關係

五行在氣候季節上具有的意義，不但在命理上、方向學上會用到，就是在中醫學上也是關鍵的觀念理論。例如木代表春天、代表東方。火代表夏天、代表南方。土代表長夏、代表中央。金代表秋天，代表西方。水代表冬天，代表北方。

紫微命格論健康

五行與氣候、人體生理作用之聯繫表

五行	季節	方向	五氣	臟	腑	在竅	在志	所藏	五色	五味	五聲	五液
木	春	東	風	肝	膽	筋	怒	魂	青	酸	呼	淚
火	夏	南	熱	心	小腸	血	喜	神	赤	苦	笑	汗
土	長夏	中央	濕	脾	胃	肉	思	意	黃	甘	歌	涎
金	秋	西	燥	肺	大腸	皮毛	憂	魄	白	辛	哭	涕
水	冬	北	寒	腎	膀胱	骨	恐	志	黑	鹹	呻	唾

由前表所示，就可知道五行所代表的五臟、六腑的部位，也可知道在身體各部位、人體內外在所顯現出來意象。

另一方面五臟六腑也會應見於人之臉面之上。如圖：

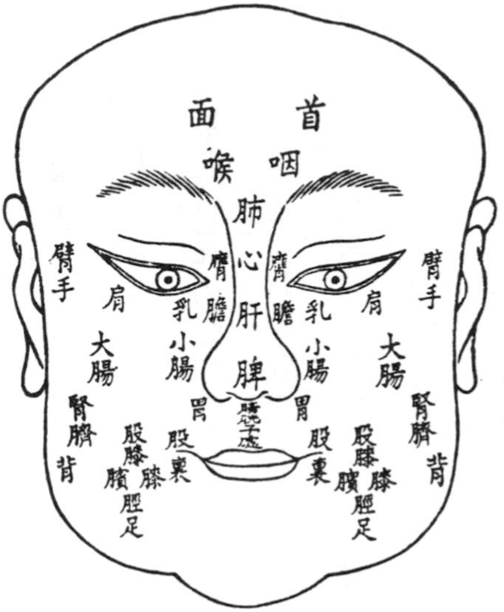

手少陰屬心臟
足厥陰屬肝臟
足太陰屬脾臟
手太陰屬肺臟
足少陰屬腎臟
足陽明屬胃腑
足太陽屬膀胱腑
足少陽屬膽腑
手陽明屬大腸腑
手太陽屬小腸腑
手少陽屬三焦腑
手厥陰屬包絡臟

第三節　五行、紫微命理和醫學間相互之關係

在每個人命盤上，命宮中之主星，原本就具有五行陰陽的內含。我們看命格的好壞，原本就是看命宮中的星曜為何，又坐落於何宮位，來斷定命格好壞及行運的方向。例如同是紫微坐命的人，坐命於午宮和坐命於子宮的人，人生格局就大大的不同了。紫微五行是已土，屬土的星曜以坐命午宮（火宮）居廟旺之位為佳。坐命子宮，屬水的宮位便有相剋的現象。這不論在身體的強弱度上或人生際遇上都有很大的差別。

在看生理上，五臟的性能是：心屬火，肺屬金，肝屬木，脾胃屬土，腎屬水。

所以五行屬已土的紫微，在先天命格上就有脾胃上的毛病特徵。

《內經素問》中提到『脾主肌肉』、『脾主四肢』、『脾統血』、『脾主運

化』、『脾開竅於口，其榮在唇』。也就是說脾臟管運化各種食物精華、營養物質，運送到人的全身各處。也管理運送水份至身體各處。更具有統攝血液的功能和維持肌肉生成的功能。脾臟功能運行正常者，營養狀況好的人是口唇有光澤紅潤現象，反之則淡白無光。而且會有濕氣在肌膚中致病。脾臟不好，亦會有出血的疾病，脾臟虛弱的人會有瘦削、四肢無力的現象。

胃是屬容納的倉廩之官，和脾有互相配合的作用，共同完成補給養分的任務。命宮主星屬土的人，最容易就是有反胃的現象，或是有消化機能方面的病症。這時候也要看命宮是坐於火宮或屬水之宮位。命宮坐於火宮者，是胃熱的毛病，因此會發生口渴喜飲、口臭、牙齦腫痛出血，大便燥結、嘔吐酸物等現象。命宮主星屬土的人又坐於水宮（例如子宮），就會有胃寒的現象。倘若命宮中有紫微星，例如紫貪坐命，又坐命於卯宮，屬木的宮位，就容易有漲氣、腹淺的現象。土木相剋，也會有腹中疾病發生。

再則，紫微星代表高尚的、精緻的、最高部位、層次的、首領的、勢力高的意涵。因此有紫微在命宮時，都要注意頭部、腦部、心臟等部份的疾病。以及主管中樞神經系統，很精密、細膩的病症。凡有紫微在命宮的人，都自視高尚、除非他自己放棄、不想看病，否則都會用最貴的價錢，得良醫而診治。這些都是由命宮的主星來看一個人先天體質上的問題的。

另一方面我們從疾厄宮入手。當你的命宮中有一些現象時，往往在疾厄宮中也會有這方面的現象。就像紫微坐命子、午宮的人，疾厄宮是同巨坐於丑、未宮。天同、巨門五行俱屬水。丑、未宮皆土宮。丑宮中含用有癸水。是帶水的土宮，而未宮是火土之宮。紫微坐命的人本有脾胃的毛病，以紫微坐命子宮，疾厄宮在未宮較嚴重，皮膚病也會較嚴重。

疾厄宮有同巨，也代表心臟、血壓、神經系統方面不良的毛病。有巨門化忌（擎羊）時（丁年生的人又坐命子宮），會有心臟病、耳疾、眼疾的毛病。更會有身體傷殘的現象，要開刀。其他年份生的人有同巨、擎羊的人，也要小心酒色之疾、耳疾、目疾的發生。由這些疾厄宮的星曜本身所代表的病症，以及星曜五行與所在宮位所發生五行相剋、相生的狀況所產生的病症，會和本命宮中主星所顯現的病症是不謀而合，具有相同性質的。因此我們在審理體質和病症、病因上，會有完整而合理的考量了。

第四節　命盤上每個宮位都與健康和疾病有關係

要看一個人身體的健康或隱伏的疾病，並不是只看命宮或疾厄宮就可以的。而是在命盤上十二個宮位都和你的健康與疾病脈脈相連的。

例如福德宮有天空、地劫雙星一起同宮在巳、亥宮的人，容易有精神方面的疾病，這種病症往往在幼年不曾顯現，到成年時才顯露出來。但是也不是每一個福德宮有劫空一起同宮的人，都會有精神病，也要看八字中是否財少、刑剋多，才會形成。

又例如一位年約三十的青年是天府、火星坐命亥宮的人，其福德宮是武曲、貪狼化忌、擎羊。在逢丑年行運在『武曲、貪狼化忌、擎羊』之年遭逢車禍而成為植物人，拖了很多年。會發生這樣的狀況，主要是其人命中之財不多，又有不該暴發之『暴發運』所致。『**武曲、貪**

狼化忌、擎羊』是帶損耗刑傷的『武貪格』暴發運格。不發生人都還好，只是較窮困、不富裕，一暴發有了錢財，反而傷剋嚴重，自己也享受不到。據此青年的母親說，車禍賠償金約有八百萬，當時確實讓家中富裕了起來，但是這幾年已耗損殆盡，不知以後的日子怎麼辦？而這位成植物人的青年仍是起起伏伏，時而昏迷，有時也清醒一點，卻並不認得親人。

又例如**天同化權、巨門化忌坐命的人，遷移宮有擎羊星相照**，會有身體的殘疾，是先天性骨骼、脊椎骨有傷的問題。

又例如**命盤中巨、火、羊在同宮的位置，對宮的位置，以及三合相照的位置上皆會有鬱悶、要自殺身亡的狀況**。影星于楓即有此格局，逢子年巨門運而自殺身亡，死亡時間也是在子時。

還有一位二十歲失明的朋友，本命是巨門、祿存、地劫，**父母宮**

有天相、擎羊，表示遺傳因子就不好，在逢到庚辰年走夫妻宮太陰陷落、天空的運程，對宮（官祿宮）是太陽陷落、火星時，就完全失明了。我們若單從其疾厄宮是紫破，或單從其命宮中之主星來看，是很難看出其人會有失明這種殘疾跡象的。但是從八字中看到其命理格局、日主己土生於丑月，支上又金木相剋的厲害，又缺乏火來暖命生土，這種命理格局就定會有傷殘現象了。另外我們從其命盤上夫、官二宮相照二宮中的星曜，也可斷定其人在辰、戌或未年定會有眼目之疾的病變，嚴重時就會有失明之災了。

失明者的命盤

兄弟宮 廉貞　貪狼　陀羅　鈴星 己巳	命宮 巨門　祿存　地劫 5—14　庚午	父母宮 天相　擎羊 15—24　辛未	福德宮 天同　天梁化科　天鉞　天刑 25—34　壬申
夫妻宮 太陰　天空　陰煞 戊辰	陰女 己酉　丁丑　己亥　辛未		田宅宮 武曲化祿　七殺 癸酉
子女宮 天府　文昌　左輔 丁卯	土五局		官祿宮 太陽　火星 甲戌
財帛宮 丙寅	疾厄宮 紫微　破軍 丁丑	遷移宮 天機 丙子	僕役宮 文曲化忌　右弼　天馬 乙亥

其他有關於傷災、禍災而傷害性命和身體的部份，例如**女子有『廉貪陀』、『廉殺羊』格局，易遭受強暴**。特別是有『廉相羊』格局的人還容易遭強暴致死。男子有『廉貪陀』格局的人，易有性病。**男子有『廉相羊』格局的人**，也易受欺侮、綁架遭撕票。這些格局只要在命盤中出現，並不論在何宮位，星曜相對照也能成立格局，因此注意可能發生的流年、流月、流日的時間點是非常重要的。

遷移宮有擎羊居陷的人，要特別小心傷災、血光、車禍，或在外逢劫殺。命格中有『武殺羊』的人也要注意車禍和被人劫殺的問題。這些外來的災害，雖不是人身健康上本身的變化，但也很可能傷及性命與健康，所以這些問題也不能忽略。

由以上種種的跡象顯示，我們在預測人先天及後天的健康狀態時，事實上命盤中每一個宮位都是和我們的健康息息相關的。而不能單以疾厄宮來以偏概全，只看疾厄宮來斷病症是決然不足夠的。這一點要請大家注意！

以下便開始論述每個命宮主星的人，所可能會發生的病症。

如何選取喜用神

如何觀命・解命
如何審命・改命
如何轉命・立命

法雲居士⊙著

古時候的人用『批命』，是決斷、批判一個人一生的成就、功過和悔吝。
現代人用『觀命』、『解命』，是要從一個人的命理格局中找出可發揮的潛能，來幫助他走更長遠的路及更順利的路。
從觀命到解命的過程中需要運用很多的人生智慧，但是我們可以用不斷的學習，就能豁然開朗的瞭解命運。

一般人從觀命開始，把命看懂了之後，就想改命了。
命要怎麼改？很多人看法不一。
改命最重要的，便是要知道命格中受刑傷的是那個部份的命運？
再針對刑剋的問題來改。
觀命、解命是人生瞭解命運的第一步。
知命、改命、達命，才是人生最至妙的結果。

這是三冊一套的書，由觀命、審命，繼而立命。由解命、改命，繼而轉運，這其間的過程像連環鎖鍊一般，是缺一個環節而不能連貫的。
常常我們對人生懷疑，常想：要是那一年我所做的決定不是那樣，人生是否會改觀了呢？
你為什麼不會做那樣的決定呢？這當然有原因囉！原因就在此書中！

第二章　從命宮主星與疾厄宮來看先天健康、病厄

命宮是紫微斗數論命的基石、開始，也是人生命的開始。命宮座落於何宮？以及命宮的主星為何？這兩個條件已經決定了命盤格式，及人一生的命運走向。並且，人一生的資源好壞、生命體的旺弱、智慧的優劣、身體的強健與否已大致有了基本架構。其次才會因出生年的年、月、日、時，經過一些出生時間上的差異帶來傷剋制化上的問題。例如擎羊、陀羅是因年干不同而產生的刑星。火星、鈴星、地劫、天空是因時辰上所產生的刑星，而天刑是因出生月份所產生的刑星等等。

命宮是首先展露一個人的命體資源的一個宮位。倘若命宮中首先

就出現了羊、陀、化忌、火、鈴，這些刑星，自然是是首當其衝的便會有生命體較脆弱，生命體的壽命不會太長，也不會有彭祖之壽。會有帶疾延年的狀況，或嚴重的，會帶有殘疾狀況了。所以命宮中有羊、陀、火、鈴、化忌、劫空的人，要特別注意自己的健康問題，不要順其發展，必須好好保養，才會有好一點、舒服一點的人生。

另一方面，**命宮所在的宮位，以及內含主星的架構也是導致生命資源多寡、身體先天性強弱的關鍵**。例如同樣也天梁坐命的人，天梁五行屬土，天梁坐命午宮、未宮的人。火土相生，健康較好，天梁坐命於子宮、丑宮的人，多少要小心脾胃的毛病，和腎水的問。天梁若坐命於寅、卯、辰等屬木的宮位，有土木相剋的狀況的人，就要小心腹內疾病的問題了。（例如同梁坐命寅宮、陽梁坐命卯宮、機梁坐命辰宮的人）。倘若這些命格的人命宮中再有羊、陀、火、鈴、化忌（文昌化忌或文曲化忌）出現，其病狀就更切確了。

健康是一個生命體基本具有的財。命體上有缺陷、傷殘、財不多的人，也往往可從八中看得出來。某些人的生命體是先天帶疾或先天就具有傷殘現象的。這些人從一出生開始，就已然由外表上或常生病、帶疾就看得到了。另一些人是命中有傷剋，在剛出生時，還是完好無缺的，但在後來生活中遭遇傷災或疾病或殘廢的，這些也會在命格中有玄機展現。只要你能解讀命理資訊、命局內含，便能在傷災發生的時刻躲避或減輕受傷的嚴重性。但人往往是在事情發生以後才會知道，後悔莫及。

健康問題在人身上有身體和精神心理兩個層面，這在命理中，在命體上也能觀測得出來。甚至有浪費、上癮癖好的人，屬於一種精上、心理上病症的人，也可以在命局中的看得出來。此外像精神病、後天引發的燥鬱症都會在命格中顯現。這些我也會一一在後文詳述。現在我們就先來看命宮主星所代表的健康問題。

紫微命格論健康

命宮主星與疾厄宮所代表的健康問題

紫微星坐命的人

命宮主星是紫微單星坐命於子宮的人。紫微是居平位的，旺度不強。紫微屬土，坐於子宮屬水的宮位，水土有相剋現象。所以紫微坐命子宮的人，身體是不太好的，常感冒不適，起起伏伏，人也會較瘦一點。紫微星代表的是高貴、高尚、最重要的部位，在一個人的身體上就代表頭部、腦部、心臟的部位，所以要小心腦部病變和心臟病、高血壓、神經系統的毛病。紫微五行屬己土，在子宮，要小心脾胃等消化系統的問題、胃寒的問題。

紫微坐命者的疾厄宮是天同、巨門。當紫微星坐命子宮時，其疾厄宮的天同、巨門坐於未宮。天同、巨門皆五行屬水，在未宮土旺之宮，自然不吉。且同巨皆陷落，又在土宮被剋得凶，也要小心腎水不足的問題。此命格的人只要一感冒、發燒，雖是小病，便很嚴重，也會發生腎臟發炎的問題。並且，同巨在疾厄宮代表的就是心臟、血壓、神經系統不良的病症，這和紫微坐命子宮者本身的命體是相互呼應的，因此要小心。並且要注意耳疾。

倘若命宮中有擎羊的人，更要小心腦部疾病，與眼目之疾，以及身體上的傷災。你的命宮有紫微居平化權，還要小心肝臟方面的問題，以及腹內疾病的問題等等。因為化權屬木，紫微屬土，土木相剋，在於子宮水宮，木的力量就大了，所以肝腎方面的疾病必須好重視的，你的腹內是不寧靜的。很可能有開刀事件要注意了。倘若是疾厄宮中有擎羊、陀羅、化忌時也要注意耳疾、開刀、傷災、肝腎、脾胃問題。

命宮是紫微坐命午宮的人。紫微是居廟位的，旺度很強，坐於午宮，火土相生，因此你的身體一般是比較好的。也會感染風寒、感冒、狀況不算嚴重。你的疾厄宮也是同巨，在丑宮，是帶水的土宮，比較好。也會偶染風寒感冒狀況不太嚴重。也是要小心腦部病變，血壓、神經系統、耳疾、脾胃等問題。

紫微、擎羊坐命的人

紫微坐命午宮，有擎羊同宮的人，亦要小心眼目之疾、腦部病變的機會比別人大。神經系統、脾胃上的毛病得病率比別人高。

◎丁年生的紫微單星坐命者，疾厄宮會有天同化權、巨門化忌出現，要小心耳疾、心臟病、脾胃、腸等消化系統的病症、吃東西要特別注意，要常做健康檢查來預防才行。你的身體狀況，和問題是比較多的。

◎紫微坐命子、午宮的人，若疾厄宮是同巨加擎羊、火星者，要小心酒色之疾，或因流年不利逢巨、火、羊之年有心情鬱悶，有自殺之狀況。也要小心身體殘疾。

紫微、火星或紫微、鈴星坐命的人

紫微、火星坐命於子宮的人，是性格急躁的人，因紫微居平，火星居陷其人的性格急衝衝的，毫不注意健康問題，生活上較馬虎，是比較容易生腦病變、血壓、神經系統有毛病的人。而且也極易緊張、腸胃、脾臟、肝臟都不好，有腸熱現象。也容易有傷災、災傷開刀、車禍事件及眼目之疾，容易有精神躁鬱症。

紫微、火星坐於午宮的人，紫微、火星都居於廟位，雖然性情也急躁，但是運氣天生就好，健康情形會好很多。還是要小心腦病變、高血壓、神經系統及容易緊張所引起的腸胃、脾臟、肝腎方面的問題容易有精神躁鬱症。

紫微、鈴星坐命子宮的人，紫微居平、鈴星居陷，也是性格急躁、聰明、古怪、有生活怪癖，表面沈靜，有陰謀的人，要小心腦病變、神經系統、血壓的問題，以及火傷、燙傷、車禍、開刀、眼目之疾等問題。以及腸胃、脾、肝、腎等方面的問題。這也是由於緊張，多慮引起的，容易有精神上之躁鬱症。

紫微、鈴星坐命午宮的人，紫微居廟，鈴星也居廟，要小心因心情急躁而有小傷災、腦病變及高血壓、神經系統、燙傷等問題，八字中缺水的人要小心肝腎等問題。

※命宮有紫微星的人，因紫微是官星，比較操勞，注重地位和錢財、

事業，容易勞心勞力，中年以後要特別注意肝腎、腦部的問題。

紫府坐命的人

紫府坐命的人，命宮中的紫微、天府雙星皆屬土，紫微是己土、天府是戊土。坐命寅宮，有土木相剋的狀況，故坐命寅宮的人，身體較坐命申宮的人差一點，也瘦一點。坐命申宮的人，因申宮是金水長生得祿的宮位，命宮中有紫府，土多，有水滋潤，會好一些。故紫府坐命寅宮的人，易有脾胃、腹脹、風濕、腳氣、口臭、消化系統及腎水少的毛病，肝腎機能不算好。而紫府坐命申宮的人，雖也偶而會有這些毛病，但很顯然的會比坐命寅宮的人在健康上好很多。較不會為腎水少的問題煩惱。腎水少會影響生子女的優劣與生產數目。

紫府坐命的人、疾厄宮是天同居平，五行屬水。當天同在卯宮時，有耳疾和心臟方面之疾病要注意。天同居平在酉宮，金水相生，耳疾和心臟病也會有，但較輕微。紫府坐命的人，小時候較不好養，有一些小毛病，長大後身體會慢慢變好。

紫府、陀羅坐命的人，也是在寅宮，破相較嚴重，有牙齒、骨骼上的傷災，或有腹內疾病。內心容易鬱悶。在申宮，傷災稍輕一些，較無腹內疾病，心情鬱悶的程度也稍輕。

紫府、火星、或紫府、鈴星坐命的人，在寅宮、火、鈴居廟，脾氣急躁、心火旺、多憂慮，小心肝臟、腎臟方向的問題，以及發燒、發炎引起的耳疾、目疾。也要小心溼疾、皮膚病的問題。你會容易生青春痘、腸熱等毛病。

紫府坐命的人，若是疾厄宮有一個天空或一個地劫和天同同宮時，這是『福空』或『劫福』的格式，則要小心在中年以後有癌症病變，要及早檢查、預防。

紫相坐命的人

紫相坐命的人，命宮中的紫微屬土，天相屬水，以坐命辰宮的人身體最強壯。坐命戌宮的人，也很強壯，但較次之，且要小心脾臟、腎臟的問題，容易有腎水不足的現象，這要從八字中查看才行確定。

紫相坐命的人，疾厄宮是天同居廟。天同屬水，以在亥宮最旺，在巳宮為火宮，易熬乾水，故紫相坐命戌宮的人，容易有腎水不足，子息較少的問題。在性能力方面相對就弱了。

紫相、擎羊坐命的人，有目疾，身體易遭傷，性格也易怯懦，這是『刑印』的格局。但一生多煩憂、多慮、勞心、勞力、容易頭痛、四肢無力。也容易在傷災、車禍、開刀等血光問題，眼睛有病的問題也很大。基本上你們也是幼年多病，不好養的，身體一直不好，起起伏伏的，只要疾厄宮無火、鈴、地劫、天空進入。長大一點就會好一些。有火、鈴進入的疾厄宮的人，病災不斷，傷災也多，算是帶病延年之人。有地劫、天空和天同同宮在疾厄宮的人，在中年以後會因突發的病症、癌症疾或傷災逝故。是本身就壽短之人。

紫相、陀羅坐命的人，會頭面有破相，手足身體骨骼有傷，牙齒有傷。紫相、陀羅坐命戌宮的人會傷災較為明顯，也多一些。要特別小心車禍的問題。因紫相、陀羅坐命戌宮時，其命宮有紫微化權，故也要小心肝臟的問題，及腹內有疾病要開刀的問題。一般大致上來說還算是身體強健的人。只要疾厄宮沒有火星、鈴星與天同同宮，問題就還不大。若是疾厄宮有火、鈴同宮的人就要小心腦病變，血壓高、神經方面的問題，及耳疾、腹內疾病的問題了。也要小心容易心情悶，內心不開朗的問題，易有精神上之憂鬱症。

紫相、火星或紫相、鈴星坐命的人，是外表溫和，但內在性急的人，此種人容易禿頭，或情緒上常有衝突，心火旺，容易會有神經系統方面的問題、血壓、腦病變的問題。也容易因為急躁、快速而有傷災。如果疾厄宮再有陀羅進入時更靈驗了，也會有破相、牙齒及骨骼方面的傷災了，亦會有皮膚病、痙痰、腳氣病、意外傷災和病災，以及精神上之躁鬱症。

紫貪坐命的人

紫貪坐命的人，紫微五行屬土，貪狼屬木，本身就有土木相剋的狀況。**坐命寅宮時**，貪狼稍旺一些，要小心肝臟、腎臟方面的的問題，也要小心腹內疾病，以及腦變病、血壓的問題、神經系統的問題。你的疾厄宮是天同居平在戌宮，天同屬水，在戌宮火土宮位受剋，故也要小心肝腎問題，有腎水不足的困擾，也要小心耳疾和心臟病、溼疾、膀胱、泌尿系統的毛病。

紫貪坐命酉宮的人，因酉宮是屬金的宮位，貪狼受制，金木相剋，故肝臟問題要小心。而且要注意脾臟，有皮膚病的問題，及血壓、腦病變、神經系統的問題了，但大致身體是強健的。倘若疾厄宮是天同、擎羊同宮時，要小心傷殘現象，也是會以在戌宮為疾厄宮（紫貪坐命卯宮）的人較嚴重。

紫貪、擎羊坐命的人，是天生多慮愛煩惱，運氣也不太好，身體容易有傷災或開刀問題的人。會有眼目之疾。四肢軟趴趴無力，常提不起勁來，又愛杞人憂天的人，會有些神經質。命坐卯宮的人，是外表看起來還健康，但常是懶洋洋的人，命坐酉宮的人，要小心肝腎問題和傷災問題，眼目之疾、頭部、腦部病變、神經系統、心臟病、大腸、脾胃等毛病。

紫貪、火星或紫貪、鈴星坐命的人，都是性情急躁，做事馬虎，脾氣古怪的人，命宮中有『火貪』、『鈴貪』的暴發格，常有異外的好運，也會有異外的災禍與病災，要小心腦部病變，心火旺，血壓問題，心臟問題等。也要小心車禍，傷災。以及腹內疾病。要小心溼疾、皮膚病、腎水不足，陰虛陽痿，以及精神上之躁鬱症。倘若，疾厄宮有『天同、擎羊』時，要小心有傷殘現象。有『天同、陀羅』時，手足有傷災。

紫貪、天空或紫貪、地劫坐命的人，基本上你們會在思想上有些不實際，愛幻想或發呆。在你們的官祿宮中會有另一個地劫或天空星。你們會常懷疑自己是否有病？常疑神疑鬼的。只要你的疾厄宮沒有羊陀、火鈴出現，一生健康，偶有小病也無大礙。有羊陀時，要小心命中缺水、腎水不足，有傷殘，不能生育之現象，也會眼目不好。有火、鈴時，只是要小心傷災及身體常發災、發燒、感冒會變得嚴重或有傷殘現象。或心火旺等問題，要小心有癌或難治之病症。

紫殺坐命的人

紫殺坐命的人，紫微屬土，七殺屬火金。因此紫殺坐命者以巳宮命格較旺、較高。亥宮是屬水的宮位，亥宮又是壬祿，木生之位，和紫殺的土金都是相剋的，故而命體不強。紫殺坐命者小時候身體都不算好，常有小病痛，長大之後較強壯。小時候即容易感冒咳嗽及腸胃不好。

紫殺坐命者的疾厄宮是天同、太陰。要注意身體上的循環系統的毛病，包括了排泄系統、膀胱系統、內分泌系統等問題。因此要注意腸疾、耳疾、腎臟、膀胱炎、尿道炎、陰道炎、疝氣、陰虧、腎虧、肝臟、目疾、濕氣下注、下半身寒冷等毛病，以及血液循環不佳等現象。

紫殺坐命亥宮的人，因疾厄宮的同陰居平陷之位，這些毛病會份外嚴重，也要小心感冒所引起的併發症，如腎臟炎，心肺無力等症狀。

紫殺坐命的人，大多數的人一生都易有開刀現象，也要注意腦部病變、神經系統和腹內疾病的問題。倘若疾厄宮再有火、星或鈴星同宮，主多病災和傷災，且病情起伏轉折不易好清。疾厄宮再有擎羊，亦為多病，或有開刀現象，有眼疾、腎病、血液循環不佳、陰虧腎虛、下半身寒冷之症，也不易生子。這其中還是以命坐亥宮，疾厄宮是同陰陷落加擎羊的人，身體毛病最多，也最嚴重。而且眼睛有疾，可能失明有傷殘現象。

紫殺、陀羅坐命的人，丁年生的人又坐命巳宮，其疾厄宮有天同居旺化權、太陰居旺化科。其人本身有傷災，會有牙齒及骨骼的傷災，身體上大致還好，弱的部份在肝臟、膀胱以及下半身寒冷，溼疾、背骨突起、皮膚病，要注意血液循環會不佳、濕疾、呼吸系統、肺部的問題。己年生命坐巳宮的人，身體也大致良好，小心感冒和下半身寒冷、血液循環的問題。癸年生的人，又命坐亥宮的人，要小心多傷災、病災，因其疾厄宮是天同居陷，太陰居平帶化科，膀胱和泌尿系統，陰虛、腎虧的問題會較嚴重，也容易有傷殘現象。

紫殺、火星或紫殺、鈴星坐命的人，要小心因性急火爆、多傷災，有血壓、腦病變的問題，也容易有甲狀腺亢奮的問題，容易有開刀事件。還有溼疾、皮膚病、瘍疽、長瘤、癬，也容易有燥鬱症等精神疾病的人。

紫殺、地劫、天空坐命的人，是思想不實際、容易發呆、容易有精神疾病或遇災早夭的人，也容易有肺部呼吸道疾病、腎水不足、陰虛陽痿，更可能有癌症及難治之症。其他的病症和前述紫殺坐命者相同。

紫破坐命的人

紫破坐命的人，面首、頭部有傷、破相。一生中有多次開刀經驗，身體不太好。某些人極愛吃藥，又愛尋找偏方、密醫來醫治，一生健康問題很多。其疾厄宮是天同、天梁。

紫破坐命的人，紫微屬土，破軍屬水，水土相剋。命坐丑宮是帶水的土宮，命體水旺一點。命坐未宮的人，未宮是較乾的土宮，命體是土旺得多。

紫破坐命丑宮的人，疾厄宮是天同居旺，天梁居陷在申宮。這和本命中水多一點是相互呼應的，因此較無腎水的問題，但要小心心臟、肝臟、皮膚病、胃病的問題。好吃肉食的人，身上易長脂肪球，需常摘除開刀，不小心便有轉向惡性腫瘤的危險。易令有皮膚病、心臟、神經方面的疾病

紫破坐命未宮的人，疾厄宮是天同居平、天梁居廟在寅宮。天同屬水、天梁屬土，寅宮屬木，是土木大戰的格局，也會吸乾水，故要小心肝腎、脾胃、心臟等病症，也要小心腦病變、神經系統、眼目不佳等問題。尤其要小心腎水不足、腎虧等毛病。**倘若疾厄宮再有陀羅出現**。是多傷災、病災、牙齒有傷，也會有病齒，還是要注意心臟、神經系統、腦部病變等問題。倘若有火、鈴進入疾厄宮，循環系統，腸胃、排泄系統都要小心，尤其是痔瘡和腸熱、腹脹等問題，更要注意。

紫破、擎羊坐命的人，健康情形很不好，自幼多病，有手足、骨

骼的傷災，或因身體本身的問題開刀。倘若幼年沒開刀的人，中年以後開刀次數更多。此人是愛多想、有陰謀、能策劃之人，因此腦部病變、頭痛、眼目不佳有疾，腎水不足、神經系統的問題很多，也有腹內疾病、循環系統不良症、心臟不好、常會四肢無力、精力不足。命坐未宮的人，較易有皮膚病、肝腎機能不全、大腸有疾等症。但都會有頭面有傷。此人也會有精神不開朗的精神疾病。

紫破、陀羅坐命的人，頭面、牙齒有傷、或有齲齒、爛牙。手足會有傷、斷裂過。多半在右手右腳或右手邊身體較嚴重。一生傷災多，特別要小心車禍傷災，會有後遺症。此人也易有腦病變、神經系統、血液循環不良等毛病。更要注意心臟之疾病。命坐未宮的人要注意腎水不足、眼目不佳、腎虧或腎弱、泌尿系統的毛病，以及糖尿病、濕疾、癬症、肺部疾病背骨突起等。

紫破、火星或紫破、鈴星的人，因脾氣急躁、多傷災、肝火旺，易頭面、手足有傷，也易有腹內疾病、腦病變、神經系統和精神躁鬱方面的問題，也會有痔瘡或消化系統方面濕疾、皮膚病的問題。命坐未宮的人，脾胃較不好，更要小心腳氣病、濕症、皮膚病、腎水不足、陰虛陽痿、心臟病、心臟積水、內臟積水等毛病。以及肝腎等問題，也會有眼目不佳的問題出現。

紫破、文昌、文曲坐命的人，本命是文質清高的命格，其人會面貌姣美，但身體弱，本命窮，卻愛享福，大致身體還可以，但會愛撒嬌，常抱怨、身體不佳、喊病痛。此命格的人要注意的是常感冒、咳嗽、下半身寒冷以及肝腎較弱的問題，還有大腸之疾、膽病，要注意消化系統的毛病、濕熱、上火下寒及陰分虧損、經水不調或先天不足、陽痿、大腸及膽部等毛病。

天機坐命子、午宮的人

天機坐命子、午宮的人，天機屬木，在午宮、木助火旺、身體比在子宮的人較好。天機代表手足，因此易有手足受傷、斷裂之災、禍祿頭面有傷、以及肝膽之疾。其疾厄宮是天相星。命坐午宮的人，疾厄宮的天相居廟，一生健康良好，會有輕微的皮膚病、血氣病或面皮黃腫。命坐子宮的人，疾厄宮是天相在得地之位，健康情形還好，也要注意皮膚病、血氣症、面皮黃腫的毛病。因為天相屬水，當疾厄宮在丑宮時較佳（丑宮有癸水），在未宮，火土的宮位較差，會有膀胱之疾、糖尿病、寒濕、氣虛、淋濁等毛病。這些都是屬水的泌尿系統的毛病。亦要小心淋巴腺體、內分泌的問題。**倘若疾厄宮有天相、擎羊時**，會有傷殘現象，有時是生育能力不足。

天機、祿存坐命子、午宮的人，幼年多病，常是感冒的小病，成年以後身體就會變好。祿存屬土，因此也以『命坐午宮』的人比『命坐子宮』的人身體好一些。這些人一生都是瘦型、骨骼堅硬結實。但仍會常感冒、感冒就會像病貓。祿存代表脾胃之疾，也會有陰虧、陽痿、氣脹、咳嗽等病狀。因此此命格的人，除了有手足之傷，和前述之泌尿系統感染之外，皮膚病、糖尿病，肝膽的毛病氣虛等問題，其他的小毛病也是不少的。

天機、擎羊坐命子、午宮的人，因本命中擎羊居陷，手足頭面傷災多，其人也會多煩惱、鬱悶、疑神疑鬼，易有精神上及神經系統上的毛病，健康情形是不算太好的，而且心情不好就生病，常頭痛、四肢無力、眼目有疾，也易開刀。還會有肝膽的疾病，秘尿系統、膀胱之疾。疾厄宮中無火鈴、劫空進入的人，大致身體上還無大礙。若有火、鈴進入，會有消化系統、泌尿系統的病症災害皮膚病、濕症、火症等。有劫空進入時，會有癌症的可能，要常做健康檢查、預先防範才好。

天機、火星或天機、鈴星坐命於子、午宮的人，因火、鈴在午宮居廟，在子宮居陷，因此命坐午宮的人身體較好一些。但此命格的人，都會因性格急躁、暴躁，而非常神經質，有躁鬱症的可能。並且有手足、頭面之傷災，也易有車禍受傷、意外病災的問題。此命格的人肝腎都不好，肝火旺，易有眼目之疾，內分泌失調、糖尿病、濕疾、皮膚病、瞻疾等。命坐子宮的人，易有血氣病，如地中海型貧血症。其他的人要注意膀胱的毛病，腎虧、氣脹等問題。疾厄宮有羊、陀出現的人，要小心受傷而致傷殘現象，也會有生育機能障礙的傷殘現象。

天機坐命丑、未宮的人

天機坐丑、未宮的人，因天機屬木，丑、未宮皆屬土，故是土木相剋，其人一生身體都不太好，起起伏伏，隨心情好壞而有起伏。其疾厄宮是七殺居寅、申宮居廟，幼年即不好養，常生病，也易有開刀事件。其人會有肝膽之疾，肺經之疾，癆傷、脇肋災，生氣易傷肝以及大腸乾濕不一，陽痿等病症，女性容易有卵巢、子宮等生殖系統的病症。此人容易咳嗽、感冒、很容易引起併發症。疾厄宮的七殺再加火、鈴同宮時，有意外血光、車禍，也易有傷殘現象。如果有天空、地劫在疾厄宮、或在父母宮與疾厄宮相對照的人，要小心有癌症跡象，而且是家族中會有相同的癌症病症。

天機、擎羊坐命丑、未宮的人，頭面、手足有傷災，破相，一生也常容易開刀、血光。你的身體非常不好，但外表會較壯一點。你會有肝腎的問題、眼目有疾、心臟或腦部病變，常四肢無力，一生在病魔中奮鬥，你也會用腦過度，有精神上之疾病，為人偏激或憂鬱症。特別要注意感冒、肺部、咳嗽等問題。消化系統和腎水不足的問題，在生育方面，生殖能力方面會有麻煩。此命格是需要好好保養身體的人。如果人變成虛胖、身體不佳的情形會更嚴重了，會有浮腫、肝膽的問題出現，你是帶病延年的人，身體的毛病很多。

天機、陀羅坐命丑、未宮的人，頭面、手足常有傷災、身體不好，但容易發胖、內分泌、泌尿系統、消化系統會不好。有肝腎、浮腫溼疾的毛病。也容易有脊椎骨彎曲，及疼痛的毛病。自幼身體就不好，成年後，有肝腎、腹內的疾病，如腸炎、肝炎、肺部不好，也會有痔瘡等問題。在牙齒方面有傷或齲齒，故胃也不好，問題很多，易有開刀的情況。倘若疾厄宮有火、鈴和七殺同宮，易有傷殘或短命現象。

天機、火星或天機、鈴星坐命丑、未宮的人，是脾氣急躁、有精神官能症，或其他的精神疾病。一生也是身體不佳、多傷災，手足、頭面有傷。泌尿系統、消化系統、循環系統、呼吸系統多半有病，幼年不好養，成年後有腸炎、胃病、痔瘡、肝炎刑肺之疾，生殖系統也會不良。疾厄宮有七殺、陀羅同宮者，有傷災多，也會形成駝背、羅鍋的現象。也會有常發燒、發炎的現象，以及濕疾、皮膚病、瘍疽之疾。

天機坐命巳、亥宮的人

天機坐命巳、亥宮的人，天機居平，其人為瘦型人，坐命亥宮的人，個子較矮。此命格的人，一生健康也是好好壞壞，動不動就感冒生病，或有腸炎。其疾厄宮是貪狼，貪狼屬木，故有肝腎的毛病、膽的毛病，以及手足的傷災，特別是腳的傷災、毛病特多，要小心。其人是自出生即不好養的人，但父母宮好，父母會小心照料，只是父母較累而已。此命格的人多半是八字格局中陰木多的人，故最重要的還是要小心肝腎膽、腸胃的問題，並要小心感冒所引起的併發症。

天機、陀羅坐命巳、亥宮的人，此命格的人，頭面有破相，手足傷災多，有牙齒的傷災或齲齒。此命格是金木相剋的格局，命坐巳宮的人，傷災多。命坐亥宮的人，病災多。其人也常有精神不愉快、多煩惱、心悶、少語，故易產生精神疾病。其疾厄宮仍然是貪狼星，有肝腎、膽、腸炎、濕疾等問題，也易有脊椎骨方面的問題，會疼痛或彎曲。小心感冒小病所引起之併發症。疾厄宮有『火貪』、『火、鈴』等星時，其人有暴發運，但也易生怪病，和精神疾病要小心。

天機、火星或天機、鈴星坐命巳、亥宮的人，火、鈴在巳宮稍旺，在亥宮居平陷之位，身體較差。其人性急暴躁，肝腎不好、眼目有疾，也會常有突發的病症。常易發燒、發炎要小心。疾厄宮有貪狼、擎羊的人，要小心腹內疾病，及肝腎、膽要開刀之症，這也是先天身體很差的人。大運、流年、流月逢疾厄宮時，要小心生病開刀或死亡。

機陰坐命的人

機陰坐命的人，天機屬木，太陰屬水，以在寅宮木宮為佳，在申宮水宮，多病痛、傷災。幼年襁褓有災，命坐申宮者頭面有破相，手足多災。大致上看起來還算健康，但易感冒。其疾厄宮為空宮，有紫貪相照，只要空宮中沒有擎羊進入便不致於身體太壞要小心腹內疾病、肝膽的問題、脾胃的毛病、脹氣、腎水不足、腦部、神經系統、心臟的問題、皮膚病、溼氣、下部寒冷、生殖系統、陰虛陽痿等病症。也要小心房事過度而生病。

疾厄宮有擎羊的人，身體不好，有肝腎不好、眼目不佳、四肢無力，常有傷災、病災，也會有開刀現象，病況起起伏伏。其人也會有下半身寒冷、膀胱、陰水虧損、疝氣、瀉痢腎水不足、肝膽的問題、脾胃、大腸的問題、心臟、腦部、神經系統等病症。

疾厄宮有祿存的人，易感冒，也容易有肝炎、腸炎、腹內疾病，在腎臟方面也很虛弱。亦會有下半身寒冷、陰虧陽痿、疝氣、瀉痢溼氣、皮膚病、脾胃不佳等毛病。

疾厄宮有火星、鈴星的人，大致身體還好，會有肝火旺、消化系統不良、痔瘡、肝腎等毛病，也會有陰虧、陰痿、疝氣等病症。有此疾厄宮的人，要小心突然發病或突遇之傷災，以及身體易發炎、發燒，易引起併發症的問題。亦有濕疾、皮膚病、瘍疽、長癬、瘤等，也會有精神上之躁鬱症。

疾厄宮有一個地劫、或一個天空時，要小心癌症的問題，它是從肝、腎、胃、脾等內臟引起的。

空宮坐命，有機陰相照的人

空宮坐命，有機陰相照的人，其疾厄宮都是紫貪。表示身體大致良好，但要小心房事過度而生病，會有腎虧、陰虛的現象。這些人也大都有病痛時會找到良醫來診治。此人也要小心肝臟的問題。疾厄宮中有一個天空或地劫同在時，便要小心有癌症跡象。**倘若有貪狼化忌在疾厄宮中**，則要特別小心肝臟、腎臟有病變，以及生殖系統的毛病。例如男性為遺精、少精、不舉、輸精管堵塞、精子活動不佳、容易不孕的問題。女性為卵巢、輸卵管、子宮有病變，也會有帶下、發炎及不孕等問題。**有紫貪、擎羊在疾厄宮的人**，要小心肝、腎、性器官、生殖器官有開刀狀況，也會腎水少、眼目不佳、身體弱，常有感冒所引起併發症，更要小心房事過度而致病。基本上你們的身體就是不好的。疾厄宮有紫貪、祿存的人，要小心脾胃、肝、腎的問題，也要注意感冒所引起的併發症，皮膚病、腦病變的問題。

空宮坐命的人，也要看命宮中有那些次級星曜入內，也會帶有特殊的病變因素。例如：

祿存坐命，有機陰相照的人，會常感冒，自幼身體不佳，但也無大病。只要注意肝腎、脾胃的問題即可。此命格比較會有反胃、胃部不適、皮膚上的問題。有火、鈴同在疾厄宮時，其人會有暴發運，也會有意外病災、傷災要小心。肝、腎的問題會稍稍嚴重，膀胱也會連帶的有病。同時也要小心消化系統、或腸熱、痔瘡的問題。身體也容發炎、發燒，及有精神上之躁鬱症。

陀羅坐命，有機陰相照的人，幼年身體不佳，常生病，身體有傷、頭面破相，手足多傷，牙齒有傷，或爛牙齲齒。一生多車禍傷災、要小心。更要防房事過度、腎水虛弱的問題，有火、鈴同在疾厄宮時，病災、傷災多，也易發燒、發炎，有併發症或早夭之狀況。

火星或鈴星坐命，有機陰相照的人，命坐申宮的人，幼年身體不佳，常生病。命坐寅宮的人，火、鈴居廟，身體較強壯。但此命格的人性情急躁、多變、衝動、易有意外之病災、車禍傷災等事。要小心精神上之躁鬱症的問題。也要小心肝腎不好的問題。也會有因房事過度而起的病因。疾厄宮有擎羊進入時，會有開刀問題，及眼目不佳、腎虧、陰虛的問題。也會有腦病變的問題。全都要小心亦會有意外死亡的狀況。

左輔或右弼坐命，有機陰相照的人，自幼身體弱、不強壯，常感冒，會有脾、胃不佳的問題，但大致還好，成人後是外表健康之人。這些命格的人，全都要小心房事過度的問題及生殖系統的問題、過敏、皮膚病、濕熱、浮腫腎水不足、膀胱、泌尿系統的問題。

左輔坐命的人，要小心脾胃、糖尿病、泌尿系統、消化系統之疾病。以及濕疾腎水不足，下半身寒冷、陰虛陽痿等問題。

右弼坐命的人，要小心身體有上火下寒之疾，會上半身火氣重、口角發炎，下半身寒冷、生殖系統較弱，有腎水不足的問題，如果房事再多，生殖系統的器官則有病變了。

文昌、文曲坐命，有機陰相照的人，自幼也身體弱，常感冒、有呼吸道、肺部之病症、常咳嗽、腸炎等問題，起起伏伏。成年後身體會變好一點，但仍要注意房事過度的問題，肝腎的問題，及生殖系統有病的問題。

文昌坐命的人，要注意肺部、支氣管炎、呼吸道、大腸、肝膽的疾病。有文昌化忌時，要小心肺癆、大腸癌、肺癌的問題。

文曲坐命的人，要多注意身體弱的部份在膽、肝。也要留心下半身寒涼，房事過度，有腎虧、陰虛的毛病。有文曲化忌時要小心肝癌、膽囊炎、生殖系統與泌尿系統有癌症或難治之症。

機梁坐命的人

機梁坐命的人，因天機屬木，天梁屬土，又坐於辰、戌土宮，故為土木相剋的格局。這就是要多注意肝、腎、脾臟的問題了。其疾厄宮為天府居得地之位。天府是屬土的星，故在巳宮較旺，在亥宮較弱。只要沒有陀羅、火鈴、劫空入疾厄宮，大致其人身體還好，少病災，只有輕微的皮膚病、脾胃不佳、腹脹、濕熱，少許的腳腿浮腫等病症，情況都不嚴重。**倘若疾厄宮的天府和陀羅同宮時**，會有傷災損耗，生病時易拖拖拉拉，有胃疾、濕熱等病症。**倘若疾厄宮有天府、火星或鈴星時**，則有皮膚病，及前述的病症，也會易有突發病症或傷災，但不嚴重。

空宮坐命有機梁相照的人

空宮坐命辰、戌宮有機梁相照的人，其疾厄宮都是紫殺。此種命格的人大致講起來身體還不錯，小時偶有感冒小病，長大後還很強壯。但此人會常感四肢無力，尤其是心情不好時，四肢無力的狀況很嚴重，會提不起勁來懶洋洋的。但還是要小心肝臟和脾、胃的毛病。

空宮坐命的人，也要看命宮中有那些次級星曜入內，亦會帶有特殊病變因素。例如：

擎羊坐命，有機梁相照的人，此人四肢無力的狀況很嚴重，常提不起勁來，外表強壯，但懶洋洋的。容易挨罵，被周圍的人抱怨。其人會有眼目不好有疾、精神煩悶之精神疾病，要注意頭部、腦部、心臟病變、大腸疾病，要小心傷災、車禍等問題，以及脾、胃、肝臟等問題。

如果疾厄宮再有火、鈴進入，要注意意外之災和意外病災，傷災會嚴重，有鐵、石之傷，濕疾、皮膚病，以及短命之虞。

陀羅坐命，有機梁相照的人，此人也會四肢無力很嚴重，較懶，提不起勁來，但身體外表強壯。此人易有傷災、頭面有破相、牙齒有傷。精神上較煩悶、因賺錢不易，錢財困窘之故。此人最要注意的是車禍傷災、或其他的傷災問題。會有鐵石之傷、筋骨酸痛、駝背、背骨突起、濕氣、長白癬、肺部不好等問題要注意。

火星、鈴星坐命，有機梁相照的人，坐命戌宮的人，身體最強壯。坐命辰宮的人，身體稍弱。此命格的人仍會有四肢無力的現象。要小心聲音瘖啞、濕毒、虛火上升、肝、腎、脾胃較弱，以及頭部之疾，問題不算太嚴重。

機巨坐命的人

機巨坐命的人，天機屬木，巨門屬水，以在卯宮木宮較旺，身體會較健康，身材較高大，一生運氣也較好。在酉宮有金木相剋的問題，身體略差。其人的疾厄宮是破軍居旺坐於辰、戌宮。破軍為屬水之星，在辰宮較好，在戌宮較弱。故機巨坐命卯宮的人，要小心肝病、脾胃之疾、氣喘、腿疾、暗疾、陰虧、陽痿、經水不調、赤白帶、遺精之症。因此消化系統、循環系統，淋巴、內分泌等系統都要小心。要小心勿常感冒，會有併發症。此人尤其要注意牙齒的問題，會因爛牙而引起胃腸病症。此人也要小心傷災等問題。**如果疾厄宮有破軍、擎羊的人**，是傷災嚴重、開刀多，可能會有傷殘現象的人。也會有肝腎問題、眼目不佳、生育方面的問題，這是腎水少之故。還要注意皮膚病、膿血之症，肺炎等毛病。**疾厄宮是破軍、陀羅的人**，易有傷災、壞牙，很難癒痊、好的很慢，會有濕疾、肺部疾病、腎水不足的問題。也會有脾胃、肝腎方面的問題，或因傷災而導致的陽痿、腎虧的問題。**疾厄宮是破軍、火星或鈴星的人**，會有肝、腎機能不佳，或下腹疼痛、上火下寒之毛病，小心腸炎和消化系統、呼吸系統之毛病。並容易有突發之傷災、病災、皮膚病之膿腫之症，要小心。

機巨、擎羊坐命的人，自幼身體不好，一生多傷災。你的身材也會比一般機巨坐命者瘦小，會有眼目之疾，肝腎的毛病。命坐卯宮的人，有腎水不足的毛病，也易有腎臟炎的病症。因為擎羊屬金，在卯宮受剋嚴重，因此身體也最不好，傷災也最多。命坐酉宮時，酉宮屬金，擎羊也屬金，雖同樣是陷落之位的，但比卯宮稍好一點。『機巨、擎羊坐命酉宮』是天機星在酉宮金木相剋，故此命格的人，是以肝病較嚴重的。其疾厄宮都是破軍，幼年即不安寧，有皮膚病、膿腫之症，呼吸道的毛病，支氣管炎、肺炎等。也會常頭痛、四肢無力症。此人一生多煩惱，也易有精神耗弱症。命坐酉宮的人，有麻臉現象的人，傷災、病災會較不嚴重。

天機化祿、巨門、祿存坐命的人，這是乙年生的機巨坐命卯宮的人。幼年身體弱，常生病，易有呼吸道感染、氣管炎、肺炎、肝臟、脾胃的病症，以及皮膚病、膿腫之症。命坐卯宮的人，特別易有腹中疾病，腸炎、腎臟炎的問題。命坐酉宮的人，呼吸系統的毛病較重，也要小心皮膚病、感冒等病症引起的併發症。表面看起來命中有『雙祿』格局，應該是命中財多一點，身體不錯的人，但是化祿和祿存五行皆屬土，天機屬木、巨門屬水。還有命宮所處之宮位在卯宮，多少都帶有土木相剋之因素，故脾胃的問題是少不了的，也常容易反胃。其疾厄宮又是破軍，一生中的問題自然是破在身體上了。皮膚病、糖尿病、呼吸道的疾病、膿腫、過敏等問題常見，並要小心傷災、發生較嚴重時是在戌年。亦要注意下半身寒冷、陰虛腎虧、泌尿系統的毛病。

天機、巨門化祿、祿存坐命的人，是辛年所生，命坐酉宮的人，幼年體弱，常有感冒、腸炎的問題亦要小心腎虧陰虛、腎水不足的問題。要小心脾胃、消化系統、呼吸道疾病。皮膚病、膿腫、過敏的問題，亦要小心腎虧陰虛、腎水不足的問題。倘若疾厄宮有破軍、火星或破軍、鈴星的人，要小心突發的傷災和病災。最嚴重的年份在辰年。會有車禍、血光。

機巨、火星或機巨、鈴星坐命的人，因脾氣急躁、易怒、是非多，容易肝腎不好，也容易有精神躁鬱的毛病。其人非常聰明，但性格衝動，一生也常有意外之災和傷災血光問題，消化系統、呼吸道的問題也常見。倘若疾厄宮再有破軍、擎羊或破軍、陀羅的人，自幼身體不佳，肝腎有問題，眼目不好有疾病，有開刀現象。尤其有『破軍、擎羊』的人，可能有傷殘現象，也可能是眼目傷殘或中風的，也會因意外之災、車禍所引起的傷災缺憾。在流年逢疾厄宮有破軍、羊、陀時，會遇災生病開刀，或車禍有傷亡。不然就是事業敗壞不吉之事。

空宮坐命有機巨相照的人

空宮坐命有機巨相照的人，其疾厄宮是紫相。表示健康情形良好。但要小心腺性體質的病症與皮膚病、內分泌系統的毛病。也要小心腦部病變或感冒頭痛，以及膀胱、糖尿病、小便混濁、寒濕、氣虛等症。肝、腎、脾、胃、氣喘的小毛病也要注意。

空宮坐命的人，也要看命宮中有那些次級星曜入內，也會帶有特殊病變因素，例如：

祿存坐命，有機巨相照的人，幼年體弱多病，長大後變好。容易有感冒傷風、呼吸道之症。特別要注意脾、胃不佳、肝腎的毛病和膀胱，泌尿系統的毛病。

擎羊坐命，有機巨相照的人，幼年身體不佳，頭面有破相、傷災多、四肢無力、眼目不佳、有肝腎較弱的毛病以及腦部、心臟、神經系統、大腸方面的問題。但外表大體上還算好。要小心車禍傷災及開刀事件。

火星或鈴星坐命，有機巨相照的人，身體較好。此命格的人要小心濕毒、虛火上升、瘍疽之症、青春痘、聲音瘖啞、皮膚病、頭部之疾，肝、腎等毛病，也會有泌尿系統、內分泌系統的毛病。更要注意意外之傷災、病災、暗病等。

地劫或天空坐命，有機巨相照的人，大致身體還好，但要注意潛伏性的病症，要小心肝、腎及心臟、膀胱、分泌系統之病症，更要防癌症之病，要常做身體檢查，以防暗病出現。

太陽坐命子、午宮的人

太陽坐命的人，會都要注意眼目不好或眼目有疾，尤其是太陽陷落坐命的人，眼目之疾是較嚴重的，小心會弱視斜視，或有失明之慮。此外還有頭部、腦部之症、高血壓、腦沖血、大腸不佳、痔漏便血、肝火旺等症。

太陽坐命子、午宮的人，其疾厄宮是廉殺。仍要小心目疾、血液的毛病，有雜質或血濃度高，以及心氣不足、痰喘、失眠症、癌症、花柳病、肝病、癆傷、肺部疾病、大腸乾濕不一、陽痿等毛病。雖然太陽坐於子、午宮的人外表是看起來健壯的，但身體上的小毛病很多。**太陽坐命子宮的人**，因太陽居陷，不但有目疾，還會心情鬱悶，嚴重時有精神耗弱之現象，發生癌症的機率就很高了。若疾厄宮有『廉殺羊』時，其人身體不好，有心臟及血液的毛病，有開刀的可能。流年、流月、流日、流時逢至疾厄宮時，有車禍死亡的事件，要小心。流年、流月逢『廉殺羊』之年，亦會身體不好，眼目、心臟有疾要開刀，會因其他的病症，有咯血或開刀、病重的現象。

太陽、擎羊坐命子、午宮的人，坐命子宮的人，有眼目之疾、高血壓、小心腦中風的問題，身體不太好、眼睛的問題在中年後很嚴重。也要小心腦部、神經系統、心臟病、肝腎、大腸不好，心情鬱悶、多憂慮、有精神耗弱、精神疾病的問題。並且要小心傷災、車禍、開刀等事件。

太陽、擎羊坐命午宮，是丙年生的人，疾厄宮有廉貞化忌、七殺，不但有眼目之疾，肝腎的問題、高血壓、腦部病變，還有血液方面的病症，肺部方面的問題，身體狀況不佳，會有開刀事件、身體上也會有傷殘現象，有瞎眼之慮。流年、流月逢疾厄宮之廉貞化忌、七殺時，小心車禍傷災很嚴重，有性命之憂。病災有開刀之虞。

戊年生的人，疾厄宮只有廉殺，主要是注意眼目之疾、心臟、肝腎、呼吸系統、泌尿系統的毛病，保持心情開朗、勿太鬱悶即可。

太陽坐命辰、戌宮的人

太陽坐命辰、戌宮的人，其人的疾厄宮是廉貪，自幼身體不佳，所受到的照顧也不好，會有眼疾，和性無能之病症。太陽坐命戌宮的人，因太陽陷落的關係，情況嚴重的，可能有失明之虞。這也是先天性腎水不足，或有刑剋遭傷所致的。倘若子女宮也不好的人或有『刑印』格局（子女宮為天相、擎羊）的人，更驗。此人更要注意肝、腎、血壓、腦部病變、血液方面不佳以及憂鬱等症。

太陽坐命辰宮的人，要注意命局中火多、肝火旺、腎水熬乾，眼睛不好、腎虧而不孕的問題，以及腦部、頭部、心臟、神經系統的毛病。

太陽、擎羊坐命辰、戌宮的人，其疾厄宮仍是廉貪，父母宮為祿存，福德宮為天機居廟、陀羅。此人有傷災、破相，性格快慢不一，是多憂慮多計謀、多煩惱的人，會有精神耗弱、精神疾病、眼目有問題，身體不佳，頭部、腦部病變嚴重及神經系統不良症。也會有傷災、傷及腦部的問題。還有肝腎不佳，性能力缺乏的病症。平常時就會四肢無力、軟趴趴的、提不起勁來。眼睛、身體也多開刀事件，也容易有血液方面的疾病。

太陽、陀羅在辰、戌宮的人，丙年生的人，其疾厄宮有廉貞化忌、貪狼。表示有血液方面的病症，其人也會頭腦不清、肝腎不好、眼目有疾，有破相、骨骼方面的傷災，牙齒有傷或蛀齒，也會性無能，或精血虧損，身體外強中乾。丙年生的人特別嚴重。

太陽、火星或太陽、鈴星坐命的人，是性情急躁、火爆、動作快的人，但也會常四肢無力、無精打彩。坐命戌宮的人，火、鈴居廟，因此火、鈴的力量大一些。此命格的人肝腎不好，容易禿頭、內分泌不平均、不平衡，也容易有眼疾、性無能之狀況，且有易發燒、發炎的狀況。流年、流月逢命宮時，易有遭火災、燙傷、燒傷的機率，必須小心。亦可能會有精神上之躁鬱症。

太陽坐命巳、亥宮的人

太陽坐命巳、亥宮的人，其疾厄宮是廉相，年幼易長瘡，或有腰足之災，有消化系統不好的毛病，也要注意糖尿病。更要注意血壓高、腦部病變、常感冒不適、眼目之疾、血液及內分泌、泌尿系統的毛病。只要疾厄宮沒有凶星進入，大致還健康。疾厄宮有『刑囚夾印』格局（有廉相羊）的人，會有血液方面的毛病很嚴重，或有嚴重糖尿病，不容易治好。太陽落陷坐命亥宮的人，眼目之疾是一生中的大問題，也要小心膀胱無力、性能力衰弱等毛病。

太陽、陀羅坐命巳、亥宮的人，因陀羅落陷、傷災多，有破相和骨骼傷災，牙齒有傷或爛牙。其人會有家庭遺傳之疾病，例如糖尿病、心臟病、腦病變等等。此人也會有肝、腎、膀胱方面的問題，以及血液、循環系統、泌尿系統之毛病，易會有性無能、眼目不佳之狀況。

太陽、火星或太陽、鈴星在巳、亥宮的人，意外之傷災、病災多，容易傷風感冒，發燒、發炎。也會有目疾、腦中風、腦病變，濕疾、內分泌不均、糖尿病、血液之疾病、長瘡及腰足之災、消化系統的問題。

陽梁坐命的人

陽梁坐命的人，命局中太陽屬火，在卯宮是木火旺，在酉宮是日落西山。天梁屬土，在卯宮有土木相剋的現象。在酉宮為硬土。因此本身命格上就會帶有眼目不佳、易感冒、有腦部病變、高血壓、腸胃不好的現象。命坐卯宮的人易有腹中疾病、糖尿病、肝、腎的毛病。命坐酉宮的人則是腹中毛病較少，較不嚴重，主要是眼目不佳、血壓和腦部病變、常感冒等毛病。

陽梁坐命的人，疾厄宮是廉府，大致健康還良好，中年以後才顯現出高血壓、腦部病變，或膽固醇過高、肝、腎、胃部的毛病出來。也會有脾臟、皮膚不好的問題。廉貞屬火、天府屬土，是火土旺的格局，陽梁坐命卯宮的人之疾厄宮有廉府居於戌宮火土宮，故火旺的狀況更嚴重，更易有高血壓、腦病變、肝火旺的情形。體質也是火體的，不能強補、熱補，應涼補、溫補來保養身體，並且還是要注意到血液的問題，長瘡、濕熱、浮腫、肚內脹氣、脾胃不佳的問題。

陽梁、擎羊坐命的人，甲年生、命坐卯宮的人，有太陽化忌在命宮，有眼目特別不佳、有眼病，要小心傷殘或失明。也要小心頭部、腦部病變、高血壓、肝腎等問題。還有血液、脾臟、胃部不適的問題。也要留意糖尿病所造成的眼目之疾。庚年生、命坐酉宮的人，有太陽化祿、天梁、擎羊在命宮，也是會有常感冒、眼目之疾、皮膚病、肝腎方面，脾、胃不適、腦部病變、高血壓等問題要小心。

陽梁、火星或陽梁、鈴星坐命的人，是性格急躁、火爆的人，肝火很旺，要小心腦病變、躁鬱症、心臟疾病、眼目之疾、血液、脾胃等問題，還有高血壓、長瘡、青春痘、濕熱、浮腫、肚內脹氣、易感冒發燒、發炎等問題。在流年、流月、流日三重逢合命宮之時，要小心有火災、燙傷的傷災，且不容易好。亦要小心車禍傷災，和突發之病災。

空宮坐命有陽梁相照的人

空宮坐命卯、酉宮，有陽梁相照的人，其疾厄宮是七殺。自幼身體不佳，不易養成，時好時壞，長大後略好一點。常有感冒咳嗽、肺部不好的毛病，也會有肝炎、肺炎、腎臟炎、腸炎等疾病。長大後會有痔瘡、腸胃不好、毛病很多。也容易有頭部的病症，高血壓、腦部病變、眼目不佳等疾病。

空宮坐命的人，也要看命宮還有那些次級主星入命，會有另一些特殊的病症。

祿存坐命卯宮，對宮有太陽、天梁化權相照的人，疾厄宮是七殺，福德宮是太陰陷落化忌，父母宮是廉府、擎羊。此人自幼身體不佳，父母照顧不好，為外人帶大，有肝腎的問題。下半身寒冷，腎水不足，內分泌及生殖系統較弱或有病，是本身的遺傳因素不好，會有皮膚病、脾、胃不佳的家族毛病，長大後會變好一點。

祿存坐命酉宮，對宮有太陽化權、天梁相照的人，疾厄宮是七殺，父母宮亦為廉府、擎羊，此人幼年身體不佳，有肝臟、脾臟方面之疾病，易感冒、頭痛、眼目不好、腸炎、呼吸系統、肺部之毛病，長大後有痔瘡、大腸之病症。亦要注意高血壓、肝火旺、頭部、腦部病變發生。

擎羊坐命卯宮，對宮有太陽化忌、天梁相照的人，其疾厄宮是七殺。此人最大的問題在於眼目不好、腎水不足、肝腎有毛病，且有失明之虞，發生時間在中年以後。其他如常頭痛、易感冒，身體不佳、四肢無力症，一身病痛。也易有手足傷災、斷裂等。此人也容易得口歪眼斜、羊癲瘋、遭鐵石之傷。有痲臉破相者能延壽，否則短壽且不善終。

擎羊坐命酉宮，對宮有太陽化祿、天梁相照的人，疾厄宮是七殺。要小心眼目之疾，頭部、腦部病變、心臟及神經系統不良、脾、胃、肝、腎等毛病，腹內疾病，大腸、肺部等問題。也會有四肢無力、煩惱多、多鐵石之傷、車禍等血光，還好，有家人照顧，命中常有貴人相助，有病痛也能有醫治機會。

火星或鈴星坐命，對宮有陽梁相照的人，其疾厄宮是七殺時，其人性情急躁，易有精神官能症和躁鬱症，也會有高血壓、腦部病變，以及易緊張所引起之腸炎。命中缺水的人，有肝腎的毛病，眼目也會不好。且易有脾臟不好，有青春痘等皮膚病，痔瘡、濕疾，也易感冒，肺部不好，幼年身體不佳。

天空坐命或地劫坐命，對宮有陽梁相照的人。

天空坐命酉宮，對宮有陽梁相照的人，為『萬里無雲』格的貴格。國父孫中山先生就是此命格的人，有博愛胸懷的人，以肝癌逝世。

※**但凡天空、地劫坐命，或天空、地劫入疾厄宮的人，都有生癌症病症的可能。只是得病早晚而已，而且壽命不長，需要早期發現來治療。**

天空或地劫坐命，對宮有陽梁相照的人，會有頭部、腦部病變、高血壓、肝腎、脾臟不好、腸炎等病症，有濕疾、皮膚病、過敏症，也極容易感冒，引起併發症，要小心。

日月坐命的人

太陽、太陰坐命的人，坐命於丑宮，是太陽陷落，太陰居廟。因此本身就會有眼目不佳的問題，或常感冒、頭部疼痛、頭部很重、頭昏腦脹。也要小心高血壓、腦部、心臟病變。其疾厄宮是廉貞居廟在申宮，會有傷災，或腰足有傷、長瘡、血液有雜質，有血液的毛病等問題。亦會有下半身寒冷、腎虧陰虛等毛病。要注意肝腎的問題。以及生殖系統、泌尿系統、膀胱、婦女病，男子有不孕症或腎水不足之症。一生需要多保養。

命坐未宮的人，是太陽在得地之位、太陰陷落在命宮。也易常感冒，要注意高血壓、腦部、心臟病變。此人是腎虧陰虛較嚴重的人，會有下半身寒涼的問題，要注意肝腎的保養。也會有腰足之災和長瘡，血液有問題，亦要注意糖尿病，或其他腺體、內分泌系統、血液循環的毛病。

甲年生有太陽化忌、太陰在命宮的人，疾厄宮有廉貞化祿，要注意有眼目之疾、腦部和心臟、血壓的病變。下半身寒涼、腎虧陰虛等毛病。以及血液循環不良、有雜質的毛病。還有脾胃不佳、皮膚病、濕疾、長瘡等毛病。

丙年生有廉貞化忌在疾厄宮的人，會有血液方面的疾病、長瘡或腰足之災，要開刀或有殘疾現象，及眼目之疾。在流年、流月逢疾厄宮的時候，有車禍血光、傷災很嚴重。會有血液有雜質或濃度太高，或心臟、脾、胃、腦部病變要開刀的事情。

庚年生的人，有太陽化祿、太陰化忌在命宮的人，在丑宮的人，有腎水不足、腎虧、陰虛的毛病較嚴重，會下半身寒涼，常感冒、腸炎、有脾胃不佳、濕疾、浮腫的毛病。在未宮的人，命宮中還有陀羅，還多手足傷災、破相可延年，牙齒有傷或齲齒，腎虧陰虛，身體較弱，亦會有肺部、呼吸系統不良、生殖器官要開刀的可能。

辛年生有太陽化權、太陰在命宮的人，有頭風溫寒之疾，易感冒、頭痛，有眼目之疾，血壓高、腦部病變，最重要的是肝腎的問題和下半身寒冷、腎虧陰虛的毛病。命坐丑宮的人，子女宮有破軍、擎羊，無子或有傷殘之子。這要看八字中有無水，尚有水者，用人工生殖、試管嬰兒的方式尚可有一子。欠水或需水恐急者，無子，也不易結婚。命坐未宮之女子也不易懷孕，易有子宮病症須開刀。一生健康情形，是外表尚好健康，有隱疾的狀況。

紫微命格論健康

空宮坐命有日月相照的人

空宮坐命丑、未宮有日月相照的人，其疾厄宮是貪狼居平。表示其人有肝、膽、腎臟、神經系統、腳的毛病很多，以及眼目不好，或下半身寒涼，有腎虧陰虛等毛病。但大致上外表還算健康。

空宮坐命的人，要看命宮中還進入其他的那些星曜，再來考量其易得之病症。

擎羊坐命，有日月相照的人，有眼目不好有疾、頭風之病，易感冒、頭重、腳輕、四肢無力。也會肝、腎、膽部不好，手足有傷災，以左手、左腳較嚴重。更易有腦部、頭部病變、心臟不佳、無力的問題。有時看起來外表強壯，實則病痛很多。也有人有家族性遺傳之羊癲瘋，會口歪眼斜者，須小心防範。

陀羅坐命，有日月相照的人，是傷災多、煩悶的人，有精神上之疾病。也容易感冒、肝腎、膽部不好，肺部、呼吸系統的毛病，有濕氣、長白癬、筋骨酸痛、痛風等毛病。也易有車禍、鐵石之傷，背骨突出或受傷，頭面會有傷，牙齒受傷或齲齒。大致上外觀健康還不錯，但身上小毛病多。

火星或鈴星坐命，有日月相照的人，也是外觀身體還不錯，但易感冒、發燒、發炎、也易燙傷、燒傷，或做飯時被油燙傷，亦要小心雨天遭雷電擊受傷。另外要小心突發的傷災、病災，如車禍等。此人平常要小心肝、腎、膽、脾等內臟不好，有皮膚病、腳足受傷等毛病。

地劫或天空坐命，有日月相照的人，也是外觀身體健康還不錯，但要小心癌症、暗疾叢生。問題出在內臟如肝、膽、脾、胃、腎、生殖系統，如卵巢、輸精管、輸卵管、子宮等部位。也要小心腳足之災，腰酸背痛之病症。

陽巨坐命的人

陽巨坐命的人，其疾厄宮是廉破。表示有呼吸器官及肺部不好的疾病。也會幼年易長瘡、腰足多災。而且會有血液方面的病症，陰痿、經水不調、陰疾、遺精、赤白帶、下腹痛、花柳病、癌症、心氣不足、易感冒、痰喘、失眠、咯血等症，也要注意心臟、頭部、腦部病變，消化系統、脾胃不佳、濕熱、頑癬、皮膚病及眼目之疾，氣管炎、哮喘症。也要小心身體的傷災和一生中定開刀的事件。

陽巨坐命寅宮的人，身體略好，小毛病多。其疾厄宮是廉破在酉宮，廉貞屬火，破軍屬水，本身是水火相剋。在酉宮，破軍雖居陷，但金水相生，凶性會稍低、廉貞屬火，又居平在酉宮，故有關於血液方面的疾病會較嚴重，心臟、腦部病變、高血壓、傷災、肺部疾病、眼目之疾、長瘡、腰足之災、精血不足、花柳病、癌症、消化系統得病時會較嚴重，也要小心常感冒所引起之併發症。

陽巨坐命申宮的人，其疾厄宮是廉破居卯宮，卯宮屬木，對廉貞火有相生之意，對破軍水會吸水，故此命格的人，易感冒，又易上火，也會有眼目不佳、腦部病變、高血壓、心臟的毛病，比較多的是陰虛陽痿、經水不調，下半身寒冷、遺精、赤白帶、下腹疼痛等方面的問題。也要小心癌症及花柳病、皮膚病、肝腎的問題和消化系統的問題。

※陽巨坐命的人多愛吃，故易有腸胃方面的問題。疾厄宮有廉貞化忌、破軍的人，有傷殘現象，也會有癌症發生的可能性，有多次開刀的機會。身體真是破破爛爛很麻煩的了。

空宮坐命有陽巨相照的人

空宮坐命有陽巨相照的人，其疾厄宮是天相陷落。要小心膀胱之疾、糖尿病、淋濁、寒濕之症及氣虛。此命格的人也是常易感冒、肝腎不好、呼吸系統、肺部較弱、心臟較弱，也會有消化系統的毛病（因愛吃），婦女病、陰虛、腎虧、下半身寒冷、過敏症、皮膚病等症狀。

空宮坐命的人，會因命宮進入其他次級星曜，而有不同的、特殊的病症。

陀羅坐命，有陽巨相照的人，易多傷災，尤其是手足之災，或右半身之骨骼受傷、牙齒有傷或壞牙齲齒。有肺部不好、呼吸道感染、易感冒、心臟較弱之疾病。也會有腸炎、消化系統的毛病，以及濕氣、長癬、鐵石之傷、筋骨酸痛等毛病。

火星或鈴星坐命，有陽巨相照的人，會有意外之傷災、血光、病災，且有皮膚病、肝腎不佳，消化系統、腹內疾病、過敏症、易感冒發燒、發炎、有火傷、燙傷之災、脾胃的毛病，腦部病變、高血壓、眼目不佳等問題。亦會有精神上之躁鬱症。

天空坐命或地劫坐命，對宮有陽巨相照的人，因為天空、地劫二星是在命、遷二宮相對照的情形，也就是說：天空坐命的人，對宮會有陽巨、地劫相照。地劫坐命的人，對宮會陽巨、天空相照。這種命格的人，多半是愛幻想、不實際的人，而且又常對很多事都不用心的人。頭腦空空，但先天的本質不好，易有腎病、膀胱炎、膀胱之症，體內循環系統不好，肝也有問題，易生癌症、有短壽之象。其人也易有精神不集中，或輕微之精神病。

武曲坐命的人

武曲坐命的人，武曲五行屬金，坐命於辰宮，略帶癸水，尚好。坐命於戌宮火土宮，有剋金之嫌，身體較弱。其疾厄宮是巨門。要小心氣管炎、肺病、哮喘症、脾胃不佳、濕熱浮腫等問題，長瘡、長癬、皮膚病、過敏及眼目之疾、肝腎不好、氣不足等病。也要小心大腸、消化系統、腎水不足、陰虛陽痿的病變。

◎**疾厄宮有巨門、祿存的人**，自幼身體不好，常感冒、生病，有腎疾、膀胱之疾，心肺弱。壬年生、命坐辰宮的人，有武曲化忌在命宮，會有鐵石之傷、車禍、肺部、氣管開刀動手術的問題。

◎**疾厄宮有巨門、陀羅的人**，己年生的人，有武曲化祿在命宮，要小心肝、腎問題及肺部、呼吸道、大腸、消化系統的問題。丁年生的人，有巨門化忌、陀羅在疾厄宮，有大腸癌、脾臟癌、肺癌等的可能，也會有膀胱癌、呼吸道、消化系統、脾胃、長瘡、過敏、哮喘症等毛病。亦會因傷災問題嚴重而死亡。

癸年生的人，疾厄宮有巨門化權、陀羅時，表示是肝、腎、肺部方面的問題，大腸、消化系統、腹內疾病都要小心。脾胃問題較嚴重。會有過敏症、濕疾、皮膚病，也要小心糖尿病。

◎**疾厄宮有巨門、火星或巨門、鈴星的人**，有肝腎不好的問題，也要注意大腸上火、生痔瘡的問題。肺部不好、氣管較弱、哮喘、過敏、膀胱不好、濕疾、皮膚病、身體容易發燒、發炎。脾臟也不好，小心糖尿病、腿腳浮腫、易長瘡、眼目有疾等病症。

◎**疾厄宮有巨門、天空、地劫同宮時**，表示會有腸胃、消化系統，或肺部、呼吸系統有癌症現象，亦會有腹內疾病有絕症，難治療。如胃潰瘍、胃下垂或有胃癌、大腸癌等。

武曲化祿坐命的人，武曲屬金、化祿屬土，要注意肺部、氣管、呼吸道的問題，及脾臟、胃部的問題，皮膚病、糖尿病、過敏等等。命坐戌宮的人，也要小心腎水不足、眼目有疾、腎臟虛弱的問題。

武曲化權坐命的人，武曲屬金，化權屬木，金木相剋，要注意肺部、肝腎、氣管、呼吸系統、泌尿系統、循環系統、消化系統的毛病。

武曲化科坐命的人，武曲屬金、化科屬水，要注意肺部、呼吸系統、膀胱、泌尿系統的毛病，也要小心糖尿病、膀胱炎、肝腎過敏等問題。

武曲化忌坐命的人，武曲屬金，化忌屬水，要注意肺部、氣管炎、呼吸系統、膀胱系統、傷災、血光、車禍、肝臟、腎臟、泌尿系統的問題。

※武曲坐命的人都外表大致健康，年歲漸長，一些身體弱點的毛病會慢慢顯露出來，但不嚴重，除非命格有傷剋才會嚴重。

武曲、擎羊坐命的人，乙年生命坐辰宮的人，有肝腎不佳的問題，易感冒，頭部、大腸乾濕不一、腸胃不佳，有四肢無力症、頭面有破相者易延壽。且有身體上傷災、開刀之事，眼目會不好。辛年生，坐命戌宮的人，因武曲屬金，擎羊五行是火金，坐於戌宮火土宮，火太旺，金被火熬烤，其人更是軟趴趴、容易沒精神、瘦型。脾胃、大腸、消化系統不好較嚴重，眼目之疾，腎水不足、肝腎不好，脾氣也是溫和而頑固的。常易生病，要小心車禍傷災，本身腎臟、膀胱發炎、生子不易等情形，也容易煩惱多，有精神耗弱之現象。

武曲、陀羅坐命的人，其人的福德宮有破軍、擎羊，身體定有傷災，有身體及手足骨骼及牙齒方面的傷災，或是齲齒等，頭臉有破相。

紫微命格論健康

丙年生的人有廉貞化忌、天相在財帛宮，和福德宮形成『刑囚夾印』帶化忌的格局。流年、流月逢子、午年，易因傷災、病災而開刀，也易成傷殘現象。其人也會有肺部、肝、腎、脾臟的問題，濕氣重、長癬、過敏、背骨突出、筋骨酸痛等病症。壬年生的人有武曲化忌、陀羅在命宮的人，易有肝、腎、脾、胃不佳、過敏、腎水不足，腎虧陰虛、遺精、帶下之症。身體也會有傷災、留下後遺症，筋骨酸痛、濕氣等問題。因福德宮有擎羊、破軍，身體起起伏伏，不算好，要小心開刀事件和傷災。

武曲、火星或武曲、鈴星坐命的人，脾氣剛直、衝動、火爆、肝火旺，亦有肝、腎，大腸上火、痔瘡的問題，和腎水不足的問題，小心眼目之疾。也易感冒、有肺部、氣管易遭感染，及易發燒、發炎的現象。還要小心意外之災，和意外之病災。你的大腸不好、消化系統較弱。亦會有精神上之躁鬱症。

武府坐命的人

武府坐命的人，身體大致良好，其疾厄宮是空宮，有日月相照。

武府坐命子宮的人，因武曲五行屬金，天府屬土，在子宮水宮，利金不利土、水土相剋，因此武府坐命的人，雖要注意肺部較弱的問題，但不嚴重，但脾胃的問題要多注意，容易反胃、胃寒、氣脹、濕熱、腳腿浮腫、皮膚過敏。也容易傷風感冒、眼睛的毛病較嚴重。

武府坐命午宮的人，午宮屬火，利土不利金。故此人要注意眼目之疾，肺部、氣管炎，常感冒的問題。脾胃是稍好一點的，但還是要小心胃熱、氣脹、皮膚過敏、腳腿浮腫、皮膚病的問題。

武府坐命者的疾厄宮再進入其他星曜時要注意的病症

疾厄宮進入擎羊時，要小心眼目之疾較嚴重，有開刀之虞，常感冒、頭痛也會很嚴重。會四肢無力，且傷災多、頭面有傷、有頭部、腦部、心臟、神經系統的毛病。身體很不好，起起伏伏，但表面強壯。要注意肝腎的毛病和羊癲瘋、口歪眼斜、鐵石之傷、車禍很嚴重。也要注意有傷殘現象。

疾厄宮有陀羅時，要小心傷風感冒所引起的肺病或肺病吐血。頭面有傷、牙齒、骨骼有傷、濕氣、長癬、疥瘡等等，以及背骨突出、筋骨酸痛，和鐵石之傷和車禍等等。

疾厄宮有火星或鈴星進入時，主其人常有意外之傷災、病災，且易上火、發燒、發炎，常感冒就發燒、發炎了。且容易遭火傷、燙傷要小心。而且要注意眼目之疾和頭部、腦部、心臟、大腸的問題，及濕疾、皮膚病。

火星在疾厄宮時，要注意有聲音瘖啞、瘰癧（脖子上淋巴腺腫脹、發生核塊、皮膚突起的狀況，是結核菌進入淋巴腺所引起的，多半發生在頸部）、瘍疽、濕毒、青春痘、皮膚病、面部潰瘍及一切火症、麻面、腸胃也不好。及火傷、燙傷、眼目不佳的問題和精神疾病。

鈴星在疾厄宮時，要注意破相、傷災、火、燙傷，或得癲狂之症，有意外之災。病災或傷災，小心發炎所引起之併發症，也容易感冒而發生肺部或腹內發炎不好治。亦容易有眼目不好及精神上之疾病。

疾厄宮中進入一個天空或地劫星時，表示有生癌症的可能，要小心頭部、心臟或下腹內有隱疾，要常檢查身體。

武曲化祿、天府坐命的人，這是己年生的人。**坐命午宮的人**，有祿存同在命宮，坐命子宮的人有祿存在遷移宮，因此坐命午宮的人是有擎羊和日月同在父母宮，代表父母身體不好，父母中有一人早逝，身體不佳，會有遺傳的因素，讓你自幼也身體不好，要到成年後才漸漸強壯一點，你的問題在於脾、腎的問題，有腎水不足、體質弱、過敏的狀況較嚴重，也易感冒，有呼吸系統、下半身寒冷的狀況發生。**坐命子宮的人**，會有擎羊在疾厄宮出現，就直接是腎水不足、身體易有傷、易感冒生病、有頭風之疾、目疾、四肢無力病，也會有大腸病變及下半身寒冷、時好時壞的現象。也會有車禍後遺症。頭面有破相者可延壽，否則壽命不算長壽。

武曲化權、天府坐命者，是庚年出生的人，**坐命子宮的人**，有陀羅在疾厄宮，要小心傷災、骨骼、牙齒不好，腰酸背痛、肺部有問題或肝、腎、脾臟的問題。皮膚過敏、長癬、濕氣、背骨突出，駝背等問題，幼年多傷災。口齒、頭面有破傷者，能延壽。**坐命午宮的人**，疾厄宮為空宮，父母宮為太陽化祿、太陰化忌、陀羅來相照疾厄宮，表示有家族遺傳性之高血壓、腦部或心臟疾病潛伏因子，也會易感冒有併發症，及有下半身寒冷，肺部或氣管不好，濕疾、皮膚病、筋骨酸痛等問題、以及遺傳性的生殖系統較弱，生子不易，也會眼目不好，亦可能有膀胱或泌尿系統、生殖系統之癌症及難治之疾。

武曲化科、天府坐命的人，是甲年所生之人。**坐命子宮的人**，疾厄宮是空宮，父母宮有太陽化忌、太陰、陀羅相照，表示其人有家族性遺傳之腦病變、高血壓、心臟疾病的潛伏因子，較嚴重。也要小心呼吸系統、骨骼、牙齒的傷災、較弱。有濕熱、皮膚病、筋骨酸痛等毛病，要小心感冒引起的腦中風、腦溢血、眼目不佳有病等問題。**坐命午宮的人**，疾厄宮是陀羅，要注意頭面、牙齒、骨骼之傷災，幼年多災較嚴重，也要小心皮膚病、濕氣、長癬、背骨突出，駝背，鐵石之傷、車禍血光、筋骨酸痛、肺部不好等病症。

武曲化忌、天府坐命的人，是壬年出生的人。**坐命子宮的人**，有擎羊同在命宮，一生多傷災，小心傷害生命，且多傷風感冒，肺部、呼吸系統不好，鼻病較嚴重。也會肝腎功能較弱。其疾厄宮是空宮，有日月相照，此人也會有眼目之疾，眼目不好，有頭部、腦部、心臟的病變及神經系統不良症，下半身寒冷、腎虧陰虛等毛病。小心會有傷殘現象。**坐命午宮的人**，遷移宮有擎羊，在外多困境，也多傷災，一生錢財不順，常有開刀、車禍之事。其疾厄宮亦是空宮，有日月相照，常感冒，有下半身寒冷、腎虧陰虛、眼目不好之病症，也會有肺部、呼吸系統、泌尿系統的毛病。更會有頭部、腦部病變、心臟病及精神系不良症。

武相坐命的人

武相坐命的人，其疾厄宮是空宮，有陽梁相照。大致上武相坐命者的身體都健康。但要小心眼目之疾、眼睛視力不好、常發炎、以及皮膚病，要小心護衛心臟、腦部、頭部、小心腦中風、腦溢血、高血壓等問題，以及脾、腎的問題。尤其要小心感冒所引起的腎臟、膀胱發炎的問題。**坐命寅宮的人**，父母宮有太陽居廟、天梁居廟來相照疾厄宮，身體不錯，但要小心家族遺傳之高血壓或糖尿病等，要早預防。因本命中武曲屬金，天相屬水，在寅宮、金木相剋、水木相生，要注意常因小感冒所招致的不適，呼吸系統、肺部較弱的毛病以及肝膽和膀胱之疾病。**命坐申宮**，則金水相生，但父母宮有太陽居平、天梁在得地之位，要小心目疾和皮膚病，脾臟不好，皮膚病、糖尿病、濕疾、皮膚病較嚴重的問題。

武相坐命者的疾厄宮是空宮，也要看空宮中會進入那些星，會有不同的病症。

疾厄宮是擎羊時，會有眼目之疾較嚴重，四肢無力症、頭部、腦部病變、心臟病、傷災、開刀事件，亦或有羊癲瘋、皮膚病、過敏、風疹塊、手足、頭部的傷災、肝腎不佳、膀胱多病災等毛病。小心易有傷殘現象，會傷及頭部、腦部。頭面有傷者可延壽，否則壽短。

疾厄宮是祿存時，常有感冒、頭風、發燒現象、脾胃不佳，皮膚病、腎臟不好、較弱。幼年多病、年長時較好，亦要小心心臟病、血壓高、腦部疾病、糖尿病、痛風、肺部疾病、膀胱、泌尿系統等問題。

疾厄宮是火星時，要小心發燒、發炎、火傷、燙傷。也要小心意外之傷災、車禍、病災。要注意易上火、肝火旺、腦溢血、腦病變、高血壓、腹內易上火及肝腎、脾臟不好、皮膚病、眼目不佳、身上易長脂肪球在皮膚之下，有濕毒、青春痘、痲面等現象，也會有精神上之躁鬱症。

疾厄宮是鈴星時，要注意火、燙傷災、破相、車禍傷災，或有高血壓、腦部、頭部受傷有癲狂之症。常有意外之病災、傷災。要小心因發炎而產生之併發症。有帶病延年或傷殘之象，亦或有精神上之躁鬱症。

武曲化權、天相坐命的人，這是庚年生的人，要特別小心心臟、肝、腎、肺部、氣管、膀胱的毛病。坐命寅宮的人，其疾厄宮是擎羊，又有太陽化祿、天梁相照，表示身體上是頭部、腦部、心臟、大腸、眼睛的問題較嚴重，小心高血壓、心臟病、皮膚、肝部、腎臟、脾臟、糖尿病、眼目有疾或痛風的問題。

坐命申宮的人，其疾厄宮是空宮，父母宮有陽梁、擎羊來相照疾厄宮，表示有家族性遺傳之腦部、心臟、高血壓、脾臟、肝臟不好的問題。也會視力不好，要小心遺傳性之糖尿病、胰臟炎。

武曲化祿，天相坐命的人，這是己年生的人，要特別小心肺部、脾臟、胃病、腎臟、膀胱的毛病，有皮膚病、泌尿系統要特別小心。

此命格的人，疾厄宮是空宮，相照疾厄宮的星有太陽、天梁化科。**武曲化祿、天相坐命寅宮的人**，要特別小心頭部中風、心臟病、泌尿系統、腎臟、膀胱的病症，及腎虧陰虛、眼目不佳的毛病，女子要小心子宮較弱、長肌瘤的毛病。

武曲化祿、天相命坐申宮的人，要小心目疾、腦中風、心臟病、神經系統、泌尿系統、腎臟較弱及家中單傳的問題。

武曲化科、天相坐命的人，是甲年生的人，其疾厄宮為空宮，**命**

坐寅宮人，父母宮有太陽化忌、天梁、擎羊相照疾厄宮，表示會有家族遺傳病症、父親會早逝，易有腦部、頭部病變、心臟病、高血壓及遺傳性之糖尿病、心臟病、心血管、腦瘤等問題，也會有眼目疾病有失明之虞或精神疾病、小腸、胃部方面的疾病、皮膚病，亦要小心癌症。

命坐申宮的人，疾厄宮是擎羊，有太陽化忌、天梁來相照，要小心眼目失明之虞，頭部、腦部受傷，或有精神性疾病。身體不佳，也要小心心血管及心臟、胃部、脾臟、腎臟方面的疾病、皮膚病。也會有腎虧陰虛方面的問題。生子較少或子女的遺傳更差。

武曲化忌、天相坐命的人，都是身體不算很好，子女少的人。要小心肺部疾病、膀胱、腎臟的疾病。但外觀上無大礙、沒大病。只是常感冒、內心煩亂，命坐寅宮的人，有心理上的鬱悶、精神疾病等。命坐申宮的人，有精神上的苦悶，會提不起勁來，問題不大，小心傷災、車禍、頭面有破相者，煩惱也不會太嚴重了。但中年以後小心肺癌、呼吸道與癌症或或難治之症，或有車禍傷災，小心壽命不長。

武殺坐命的人

武殺坐命的人，其疾厄宮是太陰星。代表的病症是陰氣虧損，有瀉痢、陰塞、疝氣、腎臟、膀胱方面，屬於身體下部較寒涼的毛病。也要小心濕氣、肝火旺腎虛虧損，引起目疾，小腹脹氣等毛病。

武殺坐命的人，本來外表看起來壯壯的，像是不會有什麼病痛的樣子，但武殺坐命的人都會擔心腎虧陰虛的毛病。這是先天性的體質會讓他們常有此方面的懷疑。而且易感冒，有肺部、氣管、呼吸系統的毛病。

武曲、七殺皆五行屬金，命坐卯宮，是金木相剋。而且疾厄宮的太陰屬水坐戌宮火土宮，有被熬乾的可能。故武殺坐命寅宮的人，仍要小心腎臟、膀胱、泌尿系統、呼吸系統、下半身寒涼、腎虧陰虛方面的問題。武殺坐命酉宮的人，雖是金命的人，但疾厄宮的太陰居陷，表示感冒起來更嚴重。下半身寒涼的狀況也更嚴重一點，腎臟、膀胱也更弱一些。**倘若疾厄宮有太陰、擎羊同宮的人**，會得肝病要小心。這是肝腎皆不好的狀況，腎水少，也生子不易，身體很不好。尤其是**乙年生武殺坐命酉宮的人**，疾厄宮是太陰化忌、擎羊。會有傷殘現象，目疾、病痛、生育機能障礙，這是因為腎功能不佳的傷殘現象。也會因傷災及失明而身體不好，更可能得肝癌或膀胱、子宮、卵巢、生殖系統的癌症。**庚年生，武殺坐命卯宮的人**，疾厄宮有太陰居旺化忌、擎羊，也是要小心眼目之疾有失明之虞，及腎臟虧損、身體不好，要小心感冒引起的併發症。這兩種命格的人，都要小心泌尿系統的毛病，小心會洗腎的危機，以及有肝癌、膀胱癌、子宮、卵巢、生殖系統及泌尿系統的癌症。

疾厄宮有太陰、陀羅的人，疾厄宮在辰宮，太陰落陷、陀羅居廟，表示身體外表強壯，但易生感冒、腎臟、膀胱不好、泌尿系統和生殖系統不好，也易有傷災、手足、骨骼、牙齒有傷、眼目不佳、腎虧陰虛的問題稍重一些。也要小心濕氣重、皮膚病、長癬。**疾厄宮在戌宮時**，太陰居旺、陀羅也居廟，身體外表強壯，小心傷災、牙齒、骨骼、筋骨酸痛、腎臟、膀胱較弱、泌尿系統及生殖系統的問題，濕氣、大腸、皮膚病，但不會太嚴重。

疾厄宮有太陰、火星或太陰、鈴星時，在辰宮，太陰和火、鈴皆居陷位，有肝火旺、腎虧陰虛、身體不佳，常有感冒引起突然發燒、發炎之狀況，易上火，肝、腎、膀胱、脾臟皆不好，也易有皮膚病、青春痘、臉部麻臉、癬疥之症，問題很多。呼吸系統、泌尿系統、眼目不佳、疝氣、瀉痢、下半身寒涼、上火下寒的毛病。**在戌宮**太陰居旺，火、鈴居廟，要注意上火下寒之毛病，皮膚病、感冒引起的發燒、發炎的狀況，也是要注意膀胱、肝臟、腎臟、眼病的問題等等。

武曲化權、七殺坐命的人，是庚年所生的人。要特別注意肺部、肝臟、腎臟的問題及傷災的問題。尤其疾厄宮有太陰化忌，腎臟、下半身寒冷、生殖系統的毛病較多，男性腎虧、不舉、遺精、精蟲較少，女性陰虛、帶下，都是生子不易的狀況。還要小心肝膽、肺部、呼吸系統不好的問題。

武曲化祿、七殺坐命的人，是己年生的人。只要沒有文曲化忌和太陰同在疾厄宮出現，問題就不大。若有文曲化忌和太陰同宮者，會有下半身寒冷、陰虛腎虧的毛病，且有肝膽疾病要小心，亦可能要開刀。

武曲化科、七殺坐命者，是甲年生的人。父母宮有太陽化忌會相照疾厄宮，要小心有家族遺傳之心臟、頭部、腦部疾病，也要小心腎水不足，膀胱、生殖系統及泌尿系統等毛病。

武曲化忌、七殺坐命的人，有肺部、呼吸系統、腎臟虛弱的毛病，且都有生子不易，腎虧陰虛的問題。且易有傷災、車禍、血光、傷及生殖器官要害的危險。還會有肺癌、呼吸系統有難治之症及泌尿系統有難治之症的問題。

武貪坐命的人

武貪坐命的人，其疾厄宮是空宮，有陽巨相照。大致身體外表看起來是強壯、不錯的。且多半是長壽的人。武曲五行屬金，貪狼屬木，同宮坐命時，本有金木相剋的狀況，**坐於丑宮帶水之土宮尚好**，但仍要小心感冒、呼吸系統的問題及肝臟、膽部不佳以及腹內疾病和脹氣的問題。其疾厄宮是空宮，有陽巨相照，要小心頭部、腦部病變、心臟、血管、氣管、哮喘、脾胃不佳、腸胃不佳、糖尿病、濕熱、瘡、癬、皮膚病、目疾等症。

命坐未宮者，因未宮是帶火之土宮，除了上述之病易得之外，肝、膽、腎的問題稍嚴重一點，且易有腹內疾病。

武貪坐命者的疾厄宮是空宮，也要看是進入何等次級星曜而定病症吉凶。

疾厄宮有祿存星的人，表示自幼身體不佳，較虛弱，長大後好一些，但常感冒、腸胃不佳，有皮膚病、腎臟、心臟較虛弱，哮喘及腸胃不佳、腎水不足等毛病。

疾厄宮有陀羅的人，陀羅是居陷的，表示自幼傷災多、破相、有牙齒、骨骼的傷災，或有爛牙、齲齒。要小心頭部、腦部、消化系統、腸胃、膽、肝、腎方面的問題。亦要小心濕氣、癬疥、筋骨酸痛、背骨突起之病症，以及眼目不佳，傷殘之病症。

疾厄宮有火星或鈴星時，要小心上火下寒、腸胃不佳，多意外傷災、車禍、病災之問題。亦要小心眼目之疾、腦部病變、血壓高、腸胃病、火傷、燙傷、發燒、發炎之狀況，還有皮膚病、癬疥、長瘤、濕疾。以及精神上之疾病。

疾厄宮有天空或地劫時，其父母宮有另一個天空、地劫和陽巨來相對照，要小心消化系統、肝、膽、肺部之癌症，及心臟、心血管、腦部有隱疾的問題。要早日做檢查治療。

武曲化權、貪狼坐命的人，是庚年生的人。坐命丑宮的人，疾厄宮有祿存，自幼身體弱、肝腎不好，成年後較好，但仍要小心多感冒，所引起的併發症，或頭部、腦部、肺部、呼吸系統、脾臟、腸胃不好、糖尿病的毛病。坐命未宮的人，有陀羅在命宮，要小心傷災、破相，和濕疾、癬病、背骨突出、筋骨酸痛及肝、肺、腎較弱的毛病。

武曲化祿、貪狼化權坐命的人，是己年生的人。**坐命丑宮的人**，因遷移宮有擎羊、要小心傷災、車禍的問題較嚴重，沒有文曲化忌在疾厄宮的人，大致都康泰，要小心肝腎問題、大腸、脾胃問題即可。有文曲化忌在疾厄宮的人，則要小心肝、膽部份及腎臟的問題，坐命未宮的人，有擎羊同在命宮，會有眼目不好、肝腎方面的問題，有腎虧陰虛的毛病，也會在生殖方面的器官有問題。心臟、頭部、腦部病變，以及糖尿病、脾臟、皮膚方面的毛病和腸胃病。

武曲化科、貪狼坐命的人，是甲年生的人。其疾厄宮是空宮，父母宮是太陽化忌、巨門相照疾厄宮，其人會有眼目有疾或弱視、失明之虞、心臟病、腦部病變、心血管、高血壓、消化系統的毛病較嚴重。小心會有家族遺傳之疾病、糖尿病、精神疾病、心臟病、腦中風致命的問題等等。

武曲化忌、貪狼坐命的人，是壬年生的人。要小心肺部、呼吸系統的毛病、肝腎不好的毛病，過敏、脾臟不佳、易感冒、眼疾、心臟及腸胃較弱等問題，以及有肺癌、呼吸系統、氣管、大腸、有難治之癌。

武破坐命的人

武破坐命的人，其疾厄宮是天梁居廟，這多半屬於脾胃的問題，濕熱、腿腳浮腫、胃病、淺腹、腹脹、反胃等問題。此命格的人，武曲屬金，破軍屬水，坐命巳宮的人，巳宮為火宮，會有腎水不足、陰虛、腎虧、經水不調或陽痿、下腹寒冷之症。坐命亥宮的人，亥宮為水宮，會有易感冒、呼吸系統、肺部的毛病及下腹寒涼、陰虛腎虧、經水不調、精力不足之毛病。

※凡有破軍在命宮的人，身體必有一破，不是多傷災、便是身體不好或是要常開刀，有血光，要吃藥。

武破坐命者，命坐火宮，便火旺，肝火旺，有腎弱現象。而命坐水宮，則體寒，亦有腎虛現象。這些都是本命弱，生命資源較差的關係，但有正常的生活，好好保養，也能長壽，子孫繁茂。就像張學良先生就是武破坐命的人，幼時身體不好，常生病，幾乎死掉，但後來被禁錮，卻可保養身體，最後成為長壽的人，活了一百多歲。通常武破坐命者鮮有長壽者，這是武破坐命的人可以做借鏡的。

武破坐命，疾厄宮有天梁、擎羊的人，分別是丙年、戊年生的命宮坐於亥宮的人，和壬年生命坐巳宮，有武曲化忌、破軍坐命，而疾厄宮是天梁化祿、擎羊的人。

先說丙年、戊年生，命坐亥宮，而疾厄宮是天梁、擎羊的人，是天梁居廟、擎羊居陷。此人會有目疾、腎臟病、肝臟、脾臟、胃部都不好，有感冒時，就容易有腎臟、膀胱發炎的併發症，小心會洗腎。自然也會有陰虛腎虧的毛病，身體不好，要小心眼睛的問題也很嚴重。

壬年生的人，有武曲化忌、破軍在命宮，疾厄宮是天梁化祿、擎羊。這表示有肺經的疾病、脾胃不好，肝腎不佳，眼目有疾，腎虧陰虛，且會有鐵石之傷災，車禍血光、頭部、腦部的病變，但嚴重的還是肝腎的問題以及可能有肺癌或呼吸系統、泌尿系統有難治之症。此人壽命不長，須好好保養。

疾厄宮有天梁、祿存時，表示身體年幼多病，會有脾胃、腸炎、感冒等病症，長大後較好，這是丁年、己年生，命坐亥宮的人，以及癸年生命坐巳宮的人會碰到的。

丁年生，命坐亥宮的人，要小心脾胃、腎水不足的問題，皮膚病、過敏、浮腫、肝腎較弱。己年生，命坐亥宮的人，有武曲化祿、破軍在命宮，疾厄宮是天梁、祿存，身體大致健康，幼年多病，要小心肝膽、脾胃的毛病，以及皮膚病、過敏、浮腫，腎虧陰虛的毛病，問題不大。

癸年生命坐巳宮的人，有武曲、破軍化祿在命宮，疾厄宮是天梁、祿存、有肝腎、脾胃的毛病較嚴重，過敏，腎水不足，皮膚病、感冒、呼吸系統的毛病，問題不算太嚴重。

◎**倘若疾厄宮有天梁、祿存，又有火、鈴同宮時，要小心四肢有傷殘、或身體之脾胃有問題，有開刀切除部份之虞，以及腎水不足的毛病。**

疾厄宮有天梁、火星或天梁、鈴星時，表示身體有火症，易上火，肝火旺、腎水不足，或有腎病、脾臟也不好，眼目不佳、皮膚病、過敏、濕毒、瘍疽、癬、瘤、浮腫，亦或有突發之疾病、傷災，亦會有精神上之躁鬱症。

疾厄宮有天梁、天空或天梁、地劫時，要小心癌症，會有肝癌、胃癌、脾臟癌、皮膚癌等現象，亦要小心腎臟病、膀胱及泌尿系統之病症。

◎甲年生有武曲化科、破軍化權在命宮的人，疾厄宮是天梁，其父母宮是太陽化忌，其人會有眼目之疾，頭、腦部、心臟病、血壓高、糖尿病、腎臟病等遺傳性疾病，還是要小心肝、腎、脾胃等病症。

◎庚年生有武曲化權、破軍坐命的人，身體大致健康，要小心肝腎、肺部及感冒的問題，也要小心脾胃、腎水不足的問題。小心皮膚病、胃病。

武破、祿存坐命的人，疾厄宮是天梁居廟。幼年多病，長大後就會變好，多感冒、脾胃、腎水不足的毛病。只要沒有火、鈴、空劫入疾厄宮，便也可無大病災，小心保養，也可長命，其人是瘦型的人。

武破、陀羅坐命的人，頭面、牙齒、骨骼有傷災。有破相者可延壽。也會有背部突起、羅鍋的問題。小心濕疾、肺病、癬疥、筋骨酸痛、脾胃的問題。

武破、火星或武破、鈴星坐命的人，要注意多災、肝火旺、易上火，身體易受傷，有突發的傷災和病災。也要小心腎水不足，腎虧陰虛等毛病。有皮膚病、脾胃不好，消化系統不良症、痔瘡等病症。

天同坐命卯、酉宮的人

天同坐命卯、酉宮的人，其疾厄宮是貪狼居廟。表示有肝、膽、腎臟、腳部的毛病，也要小心神經痛和關節炎。天同五行屬水，在卯宮屬木的宮位，水被木吸得嚴重，其疾厄宮在戌宮有貪狼，木火旺，要注意肝火旺的問題，也會腎水不足、眼目不好、有腎臟、膀胱、神經痛和關節炎以及肝、膽的問題。天同坐命酉宮，其疾厄宮是貪狼在辰宮（帶水之土宮），要多注意神經痛和關節炎的問題。也要注意肝膽、耳疾或膀胱、疝氣的問題。

天同坐命卯、酉宮的人，大致上身體還好，一生健康少災，只是有些小問題而已。

疾厄宮有貪狼、擎羊的人，是乙年、辛年出生的人，要注意眼目之疾，感冒、頭風、頭部、腦部病變、高血壓、四肢無力、神經痛、關節炎、痔瘡、酒色之疾，肝病、泌尿系統之病症，膀胱炎、腎虧陰虛、房事過度的問題。

疾厄宮有貪狼、陀羅的人，是丙年、戊年、壬年生的人。

丙年生的人，命宮有天同化祿，疾厄宮是貪狼，子女宮是廉貞化忌、天相，表示其人好酒色、有性病或其他遺傳性疾病，會生出帶病、有問題的小孩。其人最大的問題就在泌尿系統、神經系統。多傷災、有破相。

戊年生的人，命宮是天同在酉宮的人，疾厄宮是貪狼化祿、陀羅，有性病、肝腎不好的情形、脾胃也不佳，多傷災、破相、神經痛、關節炎等問題。戊年生，天同坐卯宮的人，疾厄宮只有貪狼化祿，比較好，只有脾胃、肝臟的問題，神經系統、關節炎的問題，較不嚴重。

壬年生坐命卯宮的人，其疾厄宮是貪狼、陀羅，父母宮有武曲化忌，表示父母從小因有錢財債務問題，或頭腦不清楚、照顧小孩不好，而讓其人有遺傳到性病、關節炎、神經痛、傷災、肝腎不好、肺部不佳、癬疥等病症，問題是較長期的。

疾厄宮是貪狼、火星或貪狼、鈴星的人，是肝火旺、有眼部之疾，肝腎都不好，也會造成泌尿系統的毛病，皮膚病、長瘡、痔瘡、脾胃不好、消化系統受影響，有濕毒、精神上之躁鬱症。尤其要小心神經末端發炎症，常感冒、耳朵或其他部位發燒、發炎等症。

天同、擎羊坐命卯、酉宮的人，這是甲年生命坐卯宮，和庚年生坐酉宮的人，其人身體上有傷殘現象。手足、眼目傷殘或智能低、有精神疾病等等，由家人供養。甲年生的人，父母宮是武曲化科，庚年生的人，父母宮是武曲化權，表示父母有錢來養他們。甲年生的人，福德宮有太陽化忌。庚年生的人，遷移宮有太陰化忌，這些人都有眼目失明的危險，精神上之疾病，以及肝腎不好，泌尿系統不佳，意外受傷，排泄系統、腸疾等毛病。此命格之人容易凶死、命短。甲年生有太陽化忌在福德宮的人，還要小心腦中風、頭部和心臟病、智能低、腦受傷的問題。庚年生的人遷移宮有太陰化忌的人還要注意自閉症、生殖系統與泌尿系統有難治之症的問題。

天同、祿存坐命卯、酉宮的人，這是乙年或辛年生的人。自幼身體不佳、多病，成年後較好，有肝腎、脾臟疾病、多感冒所引起發燒、發炎、耳疾或神經痛、關節痛等病症，要小心脾胃、大腸、皮膚不佳的問題。

天同、火星或天同、鈴星坐命卯、酉宮的人，天同是福星，最怕羊、陀、火、鈴來刑福，會有身體不佳或殘疾的狀況。疾厄宮又有貪狼，因此會肝、膽、腎不佳、肝火旺，有膀胱、泌尿系統、排泄系統、陰道、腸炎、耳疾等病症，也易有疝氣、墜腸，和意外傷災，要小心。更易有精神躁鬱、憂鬱方面的疾病。

天同坐命辰、戌宮的人

天同坐命辰、戌宮的人，天同居平，其疾厄宮是天相居得地之位。大致上健康尚好。要小心膀胱的疾病、泌尿系統和內分泌不足，以及糖尿病、淋濁、濕氣，易感冒或氣虛等症。也要小心耳疾、心臟病、低血壓、神經系統不良症，以及眼目之疾。還有輕微之皮膚病、血氣病（地中海型貧血症）及皮膚黃腫等病症。

疾厄宮有天相、陀羅的人，除前述病症外，還要小心傷災、破相、牙齒不好有傷或齲齒，腸胃也不好、肺部不好、咳嗽，亦會有精神上之疾病，身體背部突起，或長癬疥、瘡等皮膚病，有濕毒或乾癬。

丁年生，天同坐命戌宮的人，疾厄宮有天相、陀羅，遷移宮是巨門陷落化忌，身體易傷殘、多病，身體不好、有膀胱、尿道、陰道之疾，亦有天生或意外之災而傷殘之現象。還會有精神上之疾病。一生病災多。亦有膿血之疾。

癸年生，命坐辰宮的人，疾厄宮有天相、陀羅，遷移宮是巨門陷落化權，其人會有傷災、破相、牙齒不好，肝、腎、泌尿系統、內分泌系統的問題，手足神經系統的問題，皮膚病等，問題不大。

疾厄宮有天相、祿存的人，幼年多病，成年後漸漸好轉，有脾胃、腎臟、膀胱等泌尿系統及內分泌系統的毛病，小心常感冒、肝腎不好，會反胃、糖尿病、痛風，寒濕、氣虛等症，也要小心疝氣、墜腸的毛病。

疾厄宮有天相、火星或天相、鈴星的人，一生有病痛，或有殘疾，帶病延年。此人會有嚴重的糖尿病、腎臟病、膀胱的毛病，或內分泌失調、精神疾病、生殖系統、腎水不足、陰虛陽痿等問題很多。

天同、擎羊坐命、戌宮的人，有傷殘現象，是眼目傷殘或手足傷殘，亦可能會有精神疾病、智能低等現象。其父母宮為武破，家境較窮，照顧不好，但身體其他部位還算好，要小心泌尿系統、心臟等毛病。

天同、陀羅坐命辰、戌宮的人，身體易受傷，有骨骼、牙齒的傷災、眼目不佳、有眇目、斜目等問題，頭面有破相可延壽。有泌尿系統，耳朵方面、神經痛、關節受傷。其人笨一些、不靈活，常有手足、身體的傷災或車禍問題。也要小心肺部不好、長癬疥、皮膚病、背部突起、精神疾病等問題。

天同、火星或天同、鈴星坐命的人，一生常有意外之傷災或病災，脾氣急、肝火旺，有常發燒、發炎之狀況，小心感冒、皮膚病、濕疾、脾胃不好、泌尿系統的毛病、膀胱炎、陰道、尿道、內分泌系統有問題。臉上春春痘等問題，亦容易得精神躁鬱症。

天同坐命巳、亥宮的人

天同坐命巳、亥宮的人，其疾厄宮是七殺居旺。天同是五行屬水的星，以坐命亥宮較好，身體較強健，坐命巳宮受剋，略差。七殺是五行屬火金的星，以在午宮較好，在子宮較弱。

※凡疾厄宮有七殺的人，自幼年多病，不易養，成年後身體慢慢轉好，但會有痔瘡、腸炎、以及肝炎或刑肺之症。

天同坐命巳、亥宮的人，年幼多病，成年後漸健康，但仍常感冒或有腸疾、腸胃的毛病，肺部不好、咳嗽的毛病、肝病或上火下寒，腸熱、乾濕不一，有痔瘡的毛病，消化系統的毛病等等。

疾厄宮有七殺、擎羊時，要小心傷災多、開刀多。要小心脊椎骨

紫微命格論健康

受傷的情形，亦可能有傷殘現象。此外感冒、肺部、氣管等毛病發生時也會較嚴重。肝病、痔瘡等毛病也會要開刀。流年、流月逢疾厄宮，必有傷災、病痛，有開刀的問題，亦會有精神疾病與其兵禍遭傷、死亡的危險。

疾厄宮有七殺、祿存時，是『祿逢沖破』，一生身體多病、不健康、起起伏伏，要小心脾胃、腸疾、肝、肺、腹內疾病要開刀。也要小心感冒引起的併發症。更要小心傷災、皮膚病，不易癒痊、也易有過敏現象，例如花粉熱、塵蟎過敏等。

疾厄宮有七殺、火星或七殺、鈴星時，表示有意外之傷災、病災、身體不健康，易有火症、刑肺、肝病、眼目之疾，腹內疾病、脾胃也不佳、腸炎、痔瘡、皮膚病、濕毒、聲音瘖啞、瘍疽等症。也要注意有精神上之躁鬱症。

天同、陀羅坐命巳、亥宮的人

天同、陀羅坐命巳、亥宮的人，要注意有眼目眇視、斜視、鬥雞眼、羊白眼、視力有問題的狀況。也會有背部突起或羅鍋的狀況（兩者有其一）。

丁年生坐命巳宮者，命宮有天同化權、陀羅，要小心傷災，福命大，雖幼年身體不好，頭面有破相，或牙齒不好，但可延壽。要小心耳疾、心臟、脾胃等毛病，肝腎、肺部也要小心。

天同、祿存坐命巳、亥宮的人，幼年身體不好，長成後尚健康，一生要小心感冒、腸炎、呼吸系統、肺部的疾病，脾胃的疾病，亦有腎水不足，腎虧陰虛的毛病，泌尿系統的毛病、皮膚病、過敏的等要小心。

天同、火星或天同、鈴星坐命巳、亥宮的人，是外表和溫和、內心性情急躁、火爆之人，幼年身體不好，易有感冒、氣管、肺部、腸胃的毛病，多意外之傷災、病災、濕毒、火症、瘍疽、皮下長脂肪瘤、聲音瘖啞、有破相、傷殘之象。本命天同是福星，加火、鈴為『刑福』。亦要小心精神躁鬱症。

天同化權坐命的人，是丁年出生的人。坐命巳宮者，會和陀羅同宮，前已有述。坐命亥宮的人，遷移宮中有陀羅相照，幼年身體不好，成年後健康，會有傷殘、頭面破相、骨骼、牙齒的傷災、壞牙等等，也會肺部、肝腎較弱，有濕氣、膀胱、泌尿系統、腸胃方面的毛病。還有眼部視力較弱、眇目、斜視的問題。

天同化祿坐命的人，是丙年生的人。坐命巳宮的人，有天同化祿、祿存同宮在命宮。坐命亥宮的人，有祿存在遷移宮相照。皆為『雙祿格局』。幼年體弱多病，易感冒、腸疾。年長時身體會好，但要小心腎水不足、腎臟、膀胱、泌尿系統、生殖系統的毛病較嚴重。也要小心脾胃、消化系統的毛病，皮膚病、糖尿病等等。

天同化科坐命的人，是庚年生的人。有太陽化祿、太陰化忌在福德宮，要特別小心眼目之疾，和膀胱、腎臟等泌尿系統、生殖系統、內分泌系統毛病以及腦部有疾、心臟病、脾臟的問題。

同巨坐命的人

同巨坐命的人，是天同福星與巨門暗星同坐命宮的人，疾厄宮是破軍，居於得地之位。健康情形表面看還好，其實是身體破破爛爛的，易開刀、有血光，也易受傷破損。且有心臟、血壓、神經系統不良病症。幼年有皮膚病、膿腫之疾、呼吸系統較弱，易感冒、有肺炎、支氣管炎等病症。天同、巨門皆屬水，坐命於丑、未宮皆土宮，有水土相剋的狀況，故亦會有肝腎、脾臟較弱、膀胱不好或與內分泌、生殖系統較弱，女子是子宮、卵巢、輸卵管，男子是造精機能不佳，有毛病、腎虧。這些人全都有下腹寒冷、腎虧陰虛的問題。

疾厄宮有破軍、陀羅的人，身體很差，幼年有幾乎夭折之現象。多傷災及開刀事件，頭面有破相、牙齒有傷災、爛牙。肺部不好，有呼吸系統的毛病，亦會有肺病、肺結核。疾厄宮在申宮有『破軍、陀羅』的人，其命宮有天同、巨門化祿，有脾胃的毛病，也會有腎水不足，或有濕疾、亦可能心臟、內臟有濕疾，也會有皮膚病過敏、癬疥、背骨突出、筋骨酸痛，亦要小心有意外災害有傷殘現象。

疾厄宮有破軍、祿存的人，甲年生的人，會有破軍化權、祿存在疾厄宮居於寅宮。其人幼年身體不好，一生也健康起起伏伏，是『祿逢沖破』的格局，常感冒、陰虧陽痿、咳嗽、氣脹、有陰疾、腿疾、下肢疼痛等病。也會有神經系統、泌尿系統、內分泌系統不良症。同時要注意肝、腎、肺、胃、脾、五臟六腑都不好的問題。

疾厄宮有破軍、火星或破軍、鈴星時，有意外之傷災，也容易有傷殘現象。身體不好，易上火下寒，有陰虧陽痿、經水不調、肝腎不好，濕毒、皮膚長瘡、潰瘍病、肺病、肝、腎不好，或有怪病要小心，亦要小心有精神上之躁鬱症。

疾厄宮有破軍、天空或破軍、地劫時，小心有癌症。亦要小心陰虧陽痿，有內分泌系統不良症及腎水不足、有關泌尿系統、生殖系統的癌症。也要小心心臟、血壓及神經系統不良症。

天同化權、巨門化忌、擎羊坐命的人，或天同化權、巨門化忌坐命，對宮有擎羊者，這是丁年生的人，前者是坐命於未宮的人，後者是坐命於丑宮的人，都有身體殘疾的現象。會有手足、骨骼、脊椎骨方面的傷殘現象，會有多次開刀的經歷。亦容易有耳病、眼目之疾，心臟病、血壓、神經系統之疾病，精神方面鬱悶等病症。命、財、官、遷等宮再有火、鈴出現時易自殺，一生多病痛、自卑。

天同化祿、巨門坐命的人，要小心脾胃、排泄系統、膀胱、腎臟、尿道、陰道等病症，也要小心腸疾、耳疾、心臟、氣管、痰喘、溫濕疾、瘡癬、皮膚病、眼目等疾病。

天同、巨門化權、擎羊坐命丑宮的人，是癸年生的人，亦要小心傷殘現象、開刀現象，亦有手足、骨骼之殘疾，或有肝腎損傷而殘疾。小心氣管、肺部、心臟、耳疾、脾胃不佳，濕熱長瘡、頑癬、皮膚病，眼目不好。

天同、巨門化權坐命未宮，有擎羊相照的人，也是癸年生所生的人，要小心傷殘現象，意外車禍，會有手足、骨骼和身體中肝腎方面的傷殘，而無工作之能力，亦要小心肺部、心臟、氣管、脾胃的問題，長頑癬、瘡疥、皮膚病、眼目不佳、腎水不足等問題。

空宮坐命有同巨相照的人

空宮坐命丑、未宮有同巨相照的人，其疾厄宮是武相。此命格的人大致說起來身體不錯，有天相福星居廟在疾厄宮，身體好。但遷移宮所代表的外在資源少，仍會有礙身心健康。但仍是要注意破相、及暗疾的問題。而且要小心耳疾、心臟、血壓、神經系統不良症。以及常感冒、有呼吸道、腎臟、膀胱、脾臟不佳的問題。

疾厄宮的武曲屬金，天相屬水，在寅宮，金木相剋，又有木吸水。故空宮坐命未宮的人易有肝腎不好、內分泌不良或糖尿病、泌尿系統的問題、寒濕、氣虛、膀胱、腎水不足等問題。在申宮，金水相生，故要注意呼吸道，肺部、下半身寒涼、陰虛虧損的問題。

空宮坐命的人，也要看命宮中再出現何星，來訂出身體的強弱病症。

擎羊坐命丑、未宮有同巨相照的人

丁年生擎羊坐命未宮，對宮有天同化權、巨門化忌相照的人，有手足、脊椎骨傷殘現象，眼目之疾、頭部、腦部病變、心臟病、血壓、神經系統不良、四肢無力、憂鬱症、多煩惱、腎虧陰虛、脾臟、糖尿病、泌尿系統等毛病。

己年生擎羊坐命未宮，對宮有同巨相照的人，其疾厄宮是武曲化祿、天相。此人大致身體還不錯，但要小心眼目之疾、感冒、肺部、呼吸道、耳疾之疾病、肝、腎、膀胱、尿道、陰道之疾病。以及防暗疾叢生。還有頭部、腦部、心臟、血管的疾病、四肢無力，及多傷災、憂鬱症、多煩惱等問題。

癸年生的擎羊坐命丑宮，對宮有天同、巨門化權相照的人，此人要小心頭部、腦部、心臟、血壓、神經系統不良、眼目之疾病。與肝腎、脾臟、泌尿系統、內分泌系統等問題，以及身體多傷災、有憂鬱症、精神疾病等等。

陀羅坐命丑、未宮，對宮有同巨相照的人，疾厄宮是武相。此人大致身體強壯，但要小心外傷、骨骼、頭面有傷、牙齒有傷或壞齒。有肺部、呼吸道之疾病、皮膚病、濕氣、癬疥、背骨突出、鐵石之傷、筋骨酸痛、膀胱、泌尿系統、內分泌系統不良症。耳疾、心臟、血壓、神經系統都得小心。

甲年生陀羅坐命丑宮，有同巨相照的人，疾厄宮有武曲化科、天相在申宮，表示肺部、咳嗽、膀胱、泌尿系統、腎虧陰虛的狀況較需要重視。也需要小心耳疾、心臟方面的問題。

庚年生陀羅坐命未宮，有天同化科、巨門相照的人，健康大致良好，要注意耳疾、心臟、神經系統，血壓、膀胱、水道方面的問題，例如泌尿系統、陰道、尿道、腎虧陰虛，及內分泌、淋巴等問題。也要小心背骨、脊椎骨的問題和肺部、呼吸系統的毛病，癬疥等等。

火星坐命或鈴星坐命丑、未宮，有同巨相照的人。疾厄宮是武相，身體大致強健，要小心皮膚病、濕毒、腎虧陰虛、上火下寒、易感冒、感染肺部、呼吸道之疾病和鼻病，也要小心瘍疽、瘰癧、身上長贅瘤等等，更要小心精神上之躁鬱症，和神經痛等疾病。

同梁坐命的人

同梁坐命的人，天同屬水，天梁屬土，坐命寅宮，易有木土相剋的狀況，有腹中疾病，也會腎水不足、腎臟較不好。坐命申宮的人，會有脾胃方面的毛病，常反胃、胃部不舒服，常感冒，有小病痛。

同梁坐命者之疾厄宮是天府星。大致外表看起來身體健康，還看起來問題不大。疾厄宮是天府，也是要小心脾胃問題、濕熱、腳腿浮腫、腹內脹氣等等的狀況。也會有皮膚病、過敏、腸胃不好、腎水不足的現象。亦要小心糖尿病或腎臟不好（命坐寅宮者較易犯此病），膀胱不好的問題。

疾厄宮有天府、擎羊時，有兩種年份的人會有此疾厄宮。庚年生，有天同化科、天梁坐命寅宮，疾厄宮有天府、擎羊在酉宮的人，會有肝腎、膀胱不好、胃不好，亦可能有開刀事件。其人眼目會有問題，脾臟不好，亦容易有泌尿系統之毛病，糖尿病等。皮膚病、腎水不足，生下的子女也身體較弱。甲年生的同梁坐命申宮的人，疾厄宮是天府、擎羊在卯宮，也要小心脾、胃、膀胱、泌尿系統、腹內氣脹、皮膚病、腎水不足的問題。

疾厄宮有天府、祿存時，自幼身體不好，但長大後較健康，有易感冒、脾臟、胃臟、腎臟較弱的問題。

乙年生，天同、天梁化權坐命申宮的人，疾厄宮是天府、祿存在卯宮，天府、祿存皆屬土，在卯宮有土木相剋的狀況，易有脾胃、消化系統不佳、腹脹等病、也會有肝病，是飲食習慣所造成的。此人亦會有腎水不足的狀況。

辛年生，同梁坐命寅宮的人，其疾厄宮是天府、祿存在酉宮，成年後身體尚好，但要注意脾胃和皮膚病、泌尿系統之毛病，常感冒、腎水不足等事。

疾厄宮有天府、火星，或天府、鈴星時，在卯宮，表示脾胃濕熱，易腹脹、有皮膚病、腸胃易上火，有發炎、發燒的狀況、瘍疽、癬疥、長瘤。易有意外病災。在酉宮，脾胃亦有濕熱狀況，腸胃易上火、發炎、發燒，會有盲腸炎之狀況，腹脹情形較輕。

空宮坐命有同梁相照的人

空宮坐命寅、申宮，有同梁相照的人，其疾厄宮都是武殺。襁褓多災，手足、頭面有傷。自幼身體不佳，成年後略好。易生血液循環不良、肺炎、氣管炎、咳嗽、鼻病、哮喘、氣不足，大腸之病症，亦會有傷肝、癆傷、脇肋炎、陽痿等症。亦多手足傷災和開刀現象。

空宮坐命的人，也要看命宮有那些次級星進入，亦會有一些特殊的病理狀況。

祿存坐命寅、申宮，有同梁相照的人，其人幼年身體不佳，身體瘦弱，坐命於寅宮的人，還有腹中疾病、脾胃方面的毛病、皮膚病、血液循環不良、腎水不足、過敏現象，脾胃濕氣、泌尿系統的問題、陰虛腎虧等毛病。

坐命申宮的人，有胃寒、脾胃的毛病、血液循環不佳、肺部、呼吸系統、泌尿系統、腸胃炎、濕疾等毛病。這些人都有意外傷災要小心。

陀羅坐命寅、申宮，有同梁相照的人，頭面有破相、牙齒有傷、或齲齒、爛牙，幼時不好養、身體不好，長大後會變好。此人要小心肺部、氣管、鼻病、呼吸系統的毛病，也要小心濕症、乾癬、皮膚病、背部突起、身體易受鐵石之傷、車禍，有短命惡死之虞。此命格的人有腎虧陰虛的毛病，也易感冒、筋骨酸痛等症。

火星坐命或鈴星坐命寅、申宮，有同梁相照的人，幼年身體不好，常有意外傷災，容易聲音瘖啞、有瘍疽之傷，有濕毒、皮膚病、體內容易上火發炎，也常因病發燒。火星坐命的人容易燙傷、火傷、意外車禍。鈴星坐命者易發炎、潰爛，而且會有頭部、腦部意外車禍的毛病。

火、鈴坐在寅、申部有同梁相照的人，其疾厄宮仍然是武殺。因此常感冒、有肺部及呼吸道的毛病，大腸的毛病，和許多傷災。他們是表面溫和、內心急躁的人，因此也易急出病來。有精神耗弱或躁鬱現象。有火星、陀羅坐命或鈴星、陀羅坐命的人，要小心有傷災或性命不善終。

文昌坐命寅、申宮，有同梁相照的人，幼年身體不好，易有肺部、支氣管炎、呼吸道系統的毛病，感冒、鼻病、咳嗽、濕熱等症。也會有大腸之疾，文昌坐命寅宮有同梁相照的人，會有皮膚病、脾臟弱一些，過敏、多傷災、開刀的問題。文昌坐命申宮的人，還要小心肝、腎的問題，有腎水不足，下半身寒冷、陰虛虧損的問題。

文曲坐命寅、申宮，有同梁相照的人，除了常感冒、肺部、呼吸道不好，還要小心下半身寒冷、精神不足、上火下寒、先天不足，經水不調等症。也要注意膽方面的疾病。

左輔坐命寅、申宮，有同梁相照的人，除了前述疾病外，還要注意脾胃不佳、腿腳浮腫、濕熱下注，及膀胱、泌尿系統、腎水不足方面的毛病。

右弼坐命寅、申宮，有同梁相照的人，除了肺部、氣管、呼吸道、大腸、易感冒的疾病外，還要注意陰虧、陰痿，先天不足，精神見短，經水、腎水不足的狀況。

地劫坐命，或天空坐命，對宮有同梁相照的人，除了其疾厄宮是武殺所代表的病症之外，還要注意有癌症及暗疾的問題。肺、肝、腸、胃、脾臟都可能有癌症跡象，也會腎虧、膀胱有病要小心。

同陰坐命的人

同陰坐命子、午宮的人，其疾厄宮是空宮，有武貪相照。天同、太陰皆五行屬水，在子宮水宮居旺、居廟，旺度極高，適得其所。因此同陰坐命子宮的人，只要三方沒有太多的刑剋，都會長得秀氣、皮膚白、水水的。圓潤飽滿、豐腴、皮膚很有光澤的。同陰坐命午宮的人則反之，有瘦乾型的身體，面色也較不開朗、神情較落寞、人緣不佳、對人冷淡。這是因為天同、太陰居平陷的關係。天同是福星，居廟、居旺時福多，也身體較好，居平居陷時無福，身體也不好。

因此同陰坐命子宮的人，身體比較好，坐命午宮的人身體較差，但其疾厄宮是空宮，相照的是武貪。表示健康情形大致不錯，表面尚看不出有大病，但要小心一些小毛病，如血液循環不好，或下半身較寒冷、有腎虧陰虛的毛病。也要小心手足、頭面的傷災、心臟、腎臟、膀胱、陰水虧損、瀉痢、疝氣、肺部、肝臟不好等毛病。最要小心常發生感冒引起的小病痛，使你難過。

同陰坐命的人之疾厄宮是空宮，也要看進入何星，更會帶來特殊的病理狀況。

疾厄宮是擎羊時，有武貪相照。表示身體大致還好，多傷災、病痛、有四肢受傷、破相、易傷風感冒，小心頭部、腦部的病變、眼目有疾、腎臟不好、頭痛和大腸、肺部有毛病。也要小心神經系統不良和精神病變。甚至於有口歪眼斜、羊癲瘋及其他的瘋症和鐵石之傷、車禍等事件。脊椎骨受傷、酒色之疾等等。

疾厄宮是陀羅，有武貪相照，表示有破相、身體還強壯，但要小心肺部、呼吸道之疾病、酒色之疾、濕氣、癬疥、背骨突出，鐵石之傷、筋骨、酸痛、肝腎方面的疾病。

疾厄宮是火星、鈴星、有武貪相照時，要小心感冒引起的發燒、發炎、以及火傷、燙傷所引起的併發症。更要注意肺部、呼吸道、腸胃上火等症、小心痲面、青春痘、身上易長腫瘤、瘍疽、濕毒等問題，以及肝腎、膀胱不好。有鈴星在疾厄宮的人，要小心精神病症與酒色之疾。

同陰、擎羊坐命的人，這是丙年、戊年和壬年生的人會有的命格。

壬年生，命坐子宮的人，其疾厄宮是空宮，對宮（父母宮）有武曲化忌、貪狼相照，表示父母太忙，不太瞭解你、照顧你不周全，或有肺部、肝腎不好的遺傳。要隨時小心傷風感冒的問題，以及肝腎、膀胱不佳的問題。頭臉有破相、四肢有傷，易有頭部、腦部病變、大腸較弱，眼目有疾。呼吸系統、泌尿系統、膀胱、脊椎骨都會有問題，亦要小心皮膚病以及精神上之憂鬱症。

丙年生，命坐午宮的人，命宮中有天同居陷化祿、太陰居平、擎羊。其疾厄宮是空宮，有武貪相照，其人身體較弱，有脾胃、肝腎皆不好的狀況。也會陽虧陰損，常易感冒、頭痛、頭面有破相、有腦部、頭部病變、心臟及大腸較弱，眼目有疾、四肢無力的毛病。常反胃，或有皮膚病、腸胃方面的疾病。也易有精神疾病，或神經官能症。

戊年生，命坐午宮的人，命宮中有天同居陷、太陰居平化權、擎羊。疾厄宮為空宮，有武曲、貪狼化祿相照。要小心的疾病有：腎臟、膀胱不好、腎水不足，或肝病影響到腎不好，要小心感冒引起的併發症，頭部腦部的病變、心臟病、眼目之疾、血壓或神經系統不良等毛病。亦要小心精神病症的發生。

同陰、祿存坐命的人，自幼身體不好，常有小病痛、傷風、感冒等，或有遺傳性疾病、腎水不足、脾胃不好、皮膚病。年長時身體會較正常。

丁年生的人，坐命午宮的人，命宮中有天同陷落化權、太陰居平化祿、祿存，其疾厄宮是空宮，父母宮有武貪、擎羊。表示可能有得自父母的遺傳病症，例如肺部、肝腎、心臟不好的問題，或大腸、痔瘡、消化系統方面的病症。要小心脾臟、胃部的毛病，和腎水不足、腎虧陰虛方面的病症，膀胱、濕疾、皮膚病等等的問題。

己年生的人，命坐午宮有同陰居陷，祿存同在命宮，其疾厄宮是空宮，但有武曲化祿、貪狼化權相照，要小心肺部、肝腎、膽部不好，脾胃有問題。要小心糖尿病或濕疾、腳腿浮腫、腎病等問題。也會有因感冒所引起之併發症。心臟病、血液循環不良的狀況。

癸年生命坐子宮的人，命宮有天同、太陰化科、祿存，其疾厄宮為空宮，對宮（父母宮）有武曲、貪狼化忌、擎羊相照，表示有得自父母遺傳的肝疾或腎虧陰虛的病症。自己也會有脾臟不好、膀胱、泌尿系統、腎水不足、生殖系統較弱的毛病。小心糖尿病、婦女病、下半身寒涼、或有開刀現象。也會影響到眼目不佳的問題，身體較弱。

同陰、火星或同陰、鈴星坐命的人，容易情緒急躁、有躁鬱症、精神疾病。也會身體上火下寒，會常有發燒、發炎之現象。亦會有肺部、肝腎不好、濕疾、瘡癬、瘍疽、長瘤等皮膚病，易有意外病災和傷災、膀胱、泌尿系統、內臟及痲臉、青春痘的問題。

空宮坐命有同陰相照的人

空宮坐命子、午宮，有同陰相照的人，其疾厄宮是武貪。大致上身體還不錯。以空宮坐命午宮，對宮相照的同陰在廟旺之位，其人的身體較好。而空宮坐命子宮，對宮相照的同陰居平陷之位，其人的身體健康較差。大致上要注意感冒的問題，肺部、呼吸系統的毛病、肝腎的問題，大腸等消化系統和泌尿系統的問題。

空宮坐命的人，要看命宮中還有那些星曜進入，會有特殊的病症。

擎羊坐命，有同陰相照的人，擎羊坐命午宮，丙年生的人，有天同化祿、太陰相照命宮，戊年生的人有天同、太陰化權相照命宮，這兩種人都是『馬頭帶箭』格的人，能威鎮邊疆、享財福。壬年生命坐子宮，相照的太陰居平陷之位，就不是『馬頭帶箭』格，而且一生病痛、窮困，錢財少了。

丙年生的人要小心脾胃、膀胱、腎臟及心臟和腦部的毛病，眼目不好、皮膚病等毛病。戊年生的人，要小心腦部和心臟、肝臟、腎臟、膀胱、眼目不好、腎水不足、精神後繼無力的狀況。

凡擎羊坐命的人，都有頭部、腦部的病變、眼目之疾、頭痛、四肢無力有精神耗弱的現象。更要小心家族性遺傳之羊癲瘋、中風、口歪眼斜、心臟病、手足、骨骼、脊椎骨之傷災、腎水不足等問題。

祿存坐命，有同陰相照的人，自幼身體不佳，長大後漸好。但要小心脾胃的毛病和膀胱、腎臟、泌尿系統及內分泌系統等方面的問題。

丁年生，祿存坐命午宮，對宮有天同化權、太陰化祿相照的人，是身體不錯、財祿好的人，要小心脾胃、肝腎、膽部、肺部、膀胱的毛病、糖尿病、泌尿系統、皮膚病等等。問題的重心在脾胃。

己年生，祿存坐命午宮，對宮有同陰居旺相照的人。其疾厄宮是武曲化祿、貪狼，也是要小心肺部、濕疾、皮膚病、脾臟、胃臟的問題，也要小心感冒、呼吸道的問題。以及肝臟、消化系統、腸部的問題。

癸年生，祿存坐命子宮，對宮有天同居陷、太陰居陷化科相照的人，其疾厄宮有武曲、貪狼化忌，要注意心臟、脾胃、肺部、呼吸道疾病、小心感冒等小病而有併發症。更要小心有肝癌的危機，和腎臟不好的情形。

火星、鈴星坐命，對宮有同陰相照的人。當火、鈴坐命午宮時，火、鈴居廟，對宮相照的同陰居旺。其人大致身體還強壯。但要小心外強中乾、上火下寒的毛病、腎虧陰虛、濕毒、皮膚病、青春痘、痲面、目疾、瘍疽之疾，或有贅瘤、癬疥、膀胱不好，肝火旺、傷災等病症。有鈴星在命宮時，要小心破相、有頭部之疾、或有精神病方面的病症等等。

當火、鈴在子宮居陷，對宮相照的同陰也居陷，其人會本命財少，身體弱，經常感冒有小病災，流年不利有大病災，會有腎虧陰虛、腎水不足，濕毒厲害、長腫瘤、皮膚病、膀胱不好、有癬疥、瘍疽之症，或有精神方面之疾病。流年不利，會有傷殘現象。

廉貞坐命的人

廉貞坐命寅、申宮居廟的人，其疾厄宮是天機、巨門。廉貞五行屬火，以在寅宮，木火旺較好。申宮為金水旺之宮位，和廉貞火有相剋的狀況。故廉貞坐命申宮者多傷災、病災。

廉貞原本代表血液的毛病，血液中有雜質或血膿度太高，亦代表氣喘、心氣不足、癌症、花柳病、失眠、有膿血之疾、腰足之災等症。

疾厄宮是天機、巨門所代表的病症是肝膽的毛病，頭暈眼花、腦神經衰弱、手足傷、筋骨酸痛、憂慮、易多夢、有躁鬱症。亦會有氣喘、氣管炎、脾胃不好有濕疾、腸道、消化系統的病變，長瘡、有膿血之疾、腎虧陰虛、頑癬、皮膚病、眼目之疾，以及心臟、血壓、神經系統不良症。會有腹中疾病要開刀的問題。

廉貞、陀羅坐命的人，頭面有傷、牙齒不好，有傷或齲齒、外觀還強壯。會有血液方面的問題，及車禍傷災。小時有膿血之症、頭上、身上長瘡、長癬。肺部、氣管不好、大腸較弱。有眼目之疾、肝膽有問題。手足、骨骼上的傷災，也易心臟較弱，血液方面的問題。亦會多憂煩，有精神不開朗、憂鬱症等病。

乙年生，命坐寅宮的人，疾厄宮有天機化祿、巨門，要多注意氣喘、肝膽、脾臟、消化系統及泌尿系統方面的問題，小心糖尿病、腸胃不好陰虛腎虧的疾病。

辛年生，命坐申宮的人，疾厄宮有天機、巨門化祿、文昌化忌的人，要特別小心腸胃方面的疾病、腹脹。有患大腸癌的可能。肺、肝、膽、脾胃都要小心，一定會有腹中疾病要開刀，呼吸系統、消化系統、泌尿系統、排泄系統都要注意。

廉貞、祿存坐命的人，是甲年和庚年生的人，自幼身體多病，長大後較好。其父母宮都有一顆擎羊星，相照疾厄宮的機巨，表示會有遺傳性的疾病，或體質弱會影響到其人的身體不好。這很可能是腎臟和血液的問題。會有眼目之疾、腎水不足、肝、膽、脾、胃都要小心，消化系統、大腸、小腸、血液、血壓、頭部、神經系統、心臟、血液方面的疾病、咳嗽、腹脹等毛病。

廉貞、火星坐命或廉貞、鈴星坐命的人，坐命於寅宮時，廉貞、火、鈴皆居廟位。要小心虛火上升、血液、心臟、神經系統方面的疾病，也要小心濕熱、長瘡、癬疥、皮膚長瘤、瘍疽，其他的皮膚病等。更要注脾氣暴躁之精神疾病。和意外車禍、傷災、病災。亦有癌症、花柳病、痰喘、失眠及其他的疑難雜症等毛病。

廉相坐命的人

廉相坐命子、午宮的人，其疾厄宮是天機陷落。外表看來還好，表示有肝臟的毛病。自幼襁褓多災、有頭面、手足的傷災，身體上的吸收營養的能力也不好。廉貞屬火，天相屬水，本來就是水火相剋的命格，體內的泌尿系統、內分泌系統、淋巴腺體，所有身體循環的系統都較弱，也都會有血液和肝病、膽病的問題。

廉相坐命子宮的人，泌尿系統、排泄系統會稍好一點，但會有上火下寒的毛病，肝膽仍然不好，會有精力不足、氣虛、腎水不足、易感冒、下腹和膀胱仍容易患病。廉相坐命午宮的人，易有脾胃的毛病、腎水不足、濕症、皮膚病等。

凡廉相坐命者都要小心糖尿病和膀胱、尿道等疾病。

廉相、擎羊坐命的人，身體自小一直有毛病，一生中定會有眼目傷殘現象。或有血液方面的疾病，例如血液中缺乏某些元素等等。其人也會氣血虛、貧血、腎虧陰虛，十分不健康。身體虛弱、有肺部、大腸的毛病，也會多傷災。這是『刑囚夾印』的惡格，因此身體定有毛病，亦會有腎水不足、膀胱、腎臟的毛病，脾胃、膽部的疾病，常四肢無力，也會有頭部、腦部病變及精神疾病等等。亦會有傷災、受人欺侮而受傷。此命的女子有被強暴的問題，亦可能致死。

廉貞化忌、天相擎羊坐命的人，是丙年生坐命午宮的人，出生即有傷殘現象出現在顏面、頭部，有的是顱內顎裂兔唇和精神病方面的雙重問題。會有多次開刀經驗。其人的身體上也會有膀胱、泌尿系統、腎臟方面的問題。其人一生身體都不好、智商也有問題，需要人照顧。

廉相、祿存坐命的人，自幼體弱多病、瘦型，長大後略好。丁年生，命坐午宮的人，疾厄宮是天機陷落化科，有脾胃不佳、膀胱的毛病，也會有血液循環不良的毛病。還要小心皮膚病、糖尿病以及泌尿系統、消化系統的毛病和肝腎方面的毛病，有腎水不足、腎虧陰虛，氣虛、精力不足的毛病。己年、癸年生的人，也是要小心脾臟、胃部等病症，糖尿病及泌尿系統、肝臟不好的毛病。亦會有腎水不足、腎虧陰虛等問題。

廉相、火星或廉相、鈴星坐命的人，易有虛火上升、肝腎、膀胱脾胃等問題，有血液的病症、皮膚病。易有意外之傷災、病災。易感冒，或有發炎、發燒、火災、燒傷、燙傷等問題。亦會易長瘤及瘡癬等皮膚病、有濕毒、痲面、及青春痘、瘍疽等症。還有精神方面之疾病，如躁鬱症等等。

廉相坐命，疾厄宮有天機化忌的人，是戊年生的人，容易生肝癌、及肝、腎之絕症要小心。命坐午宮的人，是廉相羊坐命的人，疾厄宮又是天機化忌，有血液方面的病症，一生不健康，會有絕症早逝的現象。

廉府坐命的人

廉府坐命辰、戌宮的人，身體大致還是強壯的。其疾厄宮是天機居平在巳、亥宮。襁褓有災、頭面有破相。身體多傷災、開刀、血光。

有血液方面的疾病，肝腎不好、脾胃不佳。有皮膚病、嘴角潰爛和牙病。也要小心心臟病、濕熱下注、腳腿浮腫的現象。

廉貞屬火，天府屬土，以在戌宮火旺。八字中缺水的人，要小心眼目之疾，和腎水不足，脾腎、肝有問題。命坐辰宮的人，則要小心血液和膀胱、肝臟的問題。

廉府、擎羊坐命的人，其身體還算強壯，但有血液、頭部、腦部的病變，也會眼目有疾、心臟不好，有血壓和神經系統的毛病。並且有脾胃方面的問題、皮膚病、傷災、開刀等事。手足和頭部有傷，脊椎骨也會不好，易受傷。

乙年生，命坐辰宮的人，疾厄宮會有天機居平化祿、脾胃、肝會開刀，要小心。

辛年生，命坐戌宮的人，多小心傷災、車禍、脾胃的毛病，心臟、神經系統、血壓和眼目之疾就好了。

廉府、陀羅坐命的人，身體還強壯，但易有手足、骨骼、傷災、爛牙、長瘡、長癬、濕氣、皮膚病、血液的毛病、背骨突出，筋骨酸痛等症。

丙年生命坐辰宮的人有廉貞化忌、天府、陀羅在命宮，疾厄宮是天機居平化權。表示其人會有傷殘現象，要常開刀，也會有傷災，及精神方面的疾病，皮膚病、肺部、脾胃不好、血液方面之疾病、肝臟不好等疾病。

戊年生坐命辰宮的人，疾厄宮有天機化忌，表示其人會有傷災、車禍、血光事件，也會得肝病、內臟生癌症、絕症等現象。亦會有血液方面的問題。

壬年生，坐命戌宮的人，要小心肺部、肝、腎、脾、胃等方面的病症。亦要小心車禍傷災、有致命之虞。因命、遷二宮形成『廉殺陀』之惡格之故。

廉府、火星或廉府、鈴星坐命的人，會有身體易上火。八字中缺水嚴重的人，有腎病和眼目有疾的問題。此外要小心發燒、發炎，和精神躁鬱症。更要小心皮膚病、長瘡、濕毒、長瘤、瘍疽等問題。易遭火傷、燙傷的危險。有血液和脾胃的毛病。

廉殺坐命的人

廉殺坐命丑、未宮的人，其疾厄宮是機陰。廉殺坐命者自幼身體就不算好、不好養、長大後才好一些。其人最容易感冒，有血液的病症或傷風咳嗽、大腸的病症、痔瘡等等。也要注意暴怒傷肝、肺經之疾、癆傷、脇肋炎、大腸乾濕不一、陽痿陰虛、血液方面的疾病。還要注意心臟病、血壓、神經系統、疝氣、濕氣下注、肝病、皮膚病、腹脹、以及精神病症，好疑神疑鬼，另外要小心傷災、車禍及開刀的部份。

廉殺、擎羊坐命的人，不是身體有問題，就是有傷殘現象。要小心血液的問題、口歪眼斜、羊癲瘋、頭部、腦部的病變、血壓、神經系統不良症，眼目不佳的問題。還要注意肝腎、膀胱、下半身寒冷、腎虧陰虛、肺部、大腸等的疾病，會有開刀現象，或常四肢無力、頭痛、眼睛有開刀現象等事情。有精神疾病。車禍傷災致死的問題。

丁年生，命坐未宮的人，有天機化科、太陰化祿在疾厄宮，還要注意肝腎、膀胱方面的問題，泌尿系統、疝氣、濕氣下注、腹脹、肝旺目疾、糖尿病等等。亦有眼目和頭腦的疾病，有開刀之現象。

癸年生，命坐丑宮的人，其疾厄宮是天機、太陰化科。也表示有肝臟、膀胱、泌尿系統、腎臟方面的問題，腎水不足、眼目、有病，頭部、腦部有病變、心臟病、或精神疾病、車禍傷災致死等等的問題。

廉殺、陀羅坐命的人，不是身體有問題，就是有傷殘現象。要小心血液的毛病、開刀的問題，頭面有傷、手足有傷、牙齒有傷或齲齒。肺部、氣管、神經系統不良、心臟病、大腸不好，或背部突起、長瘡、癬疥、脇肋炎、濕氣、鐵石之傷、車禍、手足傷殘、筋骨酸痛、精神方面的疾病。

甲年生的人，命坐丑宮的人，命宮有廉貞化祿、七殺、陀羅，還要注意脾胃、腎臟方面的問題，皮膚病的問題。

庚年生，命坐未宮的人，疾厄宮有天機、太陰化忌，要小心身體下半部的疾病，陰水虧損、瀉痢、疝氣、腎臟、膀胱、肝臟方面會有絕症或癌症，或有精神疾病，要注意。

廉殺、火星或廉殺、鈴星坐命的人，容易有意外之災、火災和燙傷、燒傷、發炎、發燒等現象，也易有車禍致命的問題。會有體內易上火之症，痲面、青春痘、皮膚病、瘰癧、瘍疽、濕毒、突發嚴重的病症，亦會有精神方面的疾病，癲狂之症，有傷殘現象。

廉殺坐命，疾厄宮是天機化忌、太陰化權時，此為戊年生的人，要小心肝疾致癌、有絕症的問題，肝腎、膀胱、泌尿系統、生殖系統的毛病，更要小心精神疾病，如躁鬱症和身體神經系統不良症。

廉殺坐命，疾厄宮是天機、太陰化忌、祿存時，此是庚年生命坐丑宮的廉殺坐命者，其遷移宮有天府、陀羅，也會形成『廉殺陀』死於外道的惡格。其人的健康也是幼年不佳，成年後稍好一些，但時有起伏。主要是血液的問題、肝腎不好、腎虧陰虛，肺部及大腸的問題，且有脾胃方面的毛病，有腎臟、膀胱、身體下部的疾病、瀉痢、疝氣、尿道、輸精管、輸卵管、陰道等。婦女有婦女病，男性也是與生殖系統有關、內分泌有關的系統會有病變，也有形成癌症和絕症，不好醫治的可能。

廉殺坐命未宮，疾厄宮有天機化祿、太陰化忌、陀羅時，是乙年出生的人會有的狀況。表示頭面有破相、多傷災、牙齒亦有傷或爛牙。會有血液的問題、腹內疾病、肝腎、脾胃、膀胱、肺部、氣管的毛病，下半身寒冷、腎虧陰虛，男女皆有生殖系統、泌尿系統、內分泌系統的毛病，尤其要注意膀胱、腎病和婦女病、男腎虧，不孕症。

廉破坐命的人

廉破坐命的人，其疾厄宮是機梁。廉破坐命的人一般來說體格頗強壯，但小毛病多，定有破相、傷災。也可說是身體破破爛爛的。三合、四方宮位沖剋多的，身體更糟。廉貞屬火、破軍屬水，本是水火相剋。坐命於卯宮，屬木的宮位，是破軍受到沖剋較嚴重，身體差一些的人。坐命於酉宮、破軍是金水相生，但不利廉貞。

廉破坐命的人最要小心傷災，其次是肝腎、脾胃、呼吸道及肺部的疾病。沖剋多的易傷殘。易有血液的毛病、陰虧、陽痿、陰疾、腿疾、下腹之疾病、膀胱的毛病、胃病的問題較嚴重。也會有皮膚病、過敏等現象。

廉破、擎羊坐命的人，是庚年生的人。身體多傷災、開刀，易有殘疾之跡象。身體不好、頭部、腦部易有病變、眼目有疾，亦會有血壓、神經系統的毛病。肝腎也不好，有陰虧、陽痿、經水不調、腎水不足、腿疾、下腹疼痛、婦女病等問題。要小心保養身體，以防有瞎眼傷殘的狀況。

甲年生的人，坐命卯宮有廉貞化祿、破軍化權、擎羊在命宮，坐命酉宮，有天相、擎羊在對宮，疾厄宮仍是機梁。表示有血液方面的毛病、脾胃不好、肝腎不佳、膀胱、下腹之症，會有浮腫、濕疾、頭部、腦部病變、血壓、神經系統不良、精神疾病及糖尿病等。一生與醫院有緣，不得安寧。亦多傷災和開刀事件。也要小心在外不善終。脾胃和下腹之疾最嚴重。亦可能有傷殘現象，或短命之虞。

廉破、祿存坐命的人，這是乙年和辛年所生之廉破坐命者。幼年皆身體不好，長大後漸健康、瘦型身材。

乙年生的廉破、祿存坐命者，其疾厄宮是天機化祿、天梁化權。表示其人定會有腹中疾病，會有脾胃不佳、肝腎不好的問題，腿腳浮腫、肝火旺、濕熱、血液的問題、腎水不足，陰虧陽痿、心臟疾病、疑難雜症等等。會有皮膚病、腳氣病，常感冒、常生病。病況比較加重。

辛年生的廉破、祿存坐命者，疾厄宮就是天機、天梁，大致身體還好，肝部、脾胃、膀胱、陰虛腎虧、血液方面的問題要注意，仍然會有開刀現象。

廉破、火星或廉破、鈴星坐命的人，在卯宮有木助火旺的趨勢，在酉宮有火旺剋金的現象。廉破、火鈴全是煞星，身體一定不好，且有意外突然的災害、傷殘現象。有火災、燒傷、燙傷、車禍的危險，這是後天發生或影響的。但仍是要注意肝臟、脾胃方面的問題，體內容易上火，有上火下寒的狀況，有皮膚病、濕毒、瘍疽，長於脖子上或身上長瘤，痲面、青春痘較嚴重，會有傷殘現象，或有精神性疾病，如躁鬱症等等。

廉貞化忌、破軍坐命，疾厄宮有天機化權、天梁的人，是丙年出生的人，會有頭腦不清，有精神疾病，也會有肝臟、膽部疾病、脾胃方面的疾病，血液和陰虛陽痿等問題。但身上定有要開刀、有重大血光事件的發生。說不定就是血液的問題而不長壽。

廉破坐命，疾厄宮有天機化忌、天梁時，表示會有肝癌或肝臟、膽方面的問題很嚴重，有肝氣刑肺或脾胃不佳、濕熱、浮腫、腳氣病、皮膚病、下腹、膀胱有病、陰虧腎弱，亦會有肺部不佳的毛病。亦要小心有憂鬱症或為植物人。

廉貪坐命的人

廉貪坐命的人，其疾厄宮是天機居廟。表示其人幼年襁褓多傷災、頭面有破相、手足有傷災，長大成人後身體較健康。但要小心肝膽的問題。疾厄宮在午宮者，肝火旺。疾厄宮在子宮者，肝膽、胃部較寒。另外還有頭昏眼花、腦神經衰弱症、手足受傷、筋骨痛、多夢、憂慮、有精神上之躁鬱症。以及神經系統不良症。也易患眼疾和性無能之病症、血液方面的毛病、性病等。

疾厄宮是天機居廟化權的人，此是丙年生的人，其命宮有廉貞化忌、貪狼等星，命宮對宮有祿存相照，幼年身體不好，且多傷災、頭面、手足有傷，最要小心肝臟、膽部的疾病。疾厄宮在午宮的人，肝火旺，也會影響到腎水不足、神經系統不良症，易患眼疾和性無能，血液、精蟲不足或性病等毛病。亦會有精神方面的問題。如躁鬱症、憂鬱症等，也會有癌症、怪病問題出現。

疾厄宮是天機居廟化祿時，這是乙年所生之人。要小心肝膽、脾胃方面的問題，此人的身體大致還不錯，疾厄宮在午宮的人，要小心肝火旺、胃熱、腎水不足。疾厄宮在子宮的人，要小心胃寒，且有陰虧腎虛的問題。亦要注意皮膚病、血液的毛病、神經系統不良症、眼疾和性無能、性病等症。

疾厄宮是天機居廟化科時，這是丁年生的人，其父母宮有巨門化忌，表示會有家族遺傳性的疾病，如皮膚不好、腎水不足、腸胃和精神上、神經方面不良症，也會有陰虛、腎虧的問題。女性會有婦女病、子宮病變，及易發生癌症因素。其人最大的問題還是在肝膽、膀胱方面的疾病。也會有血液上的問題、性病等。

疾厄宮是天機居廟化忌時，這是戊年生的人。表示會有肝膽方面的疾病，會生癌症或絕症。亦會有腎臟不好、腎水不足、性無能及不孕症。命宮在巳宮的人，有廉貞、貪狼化祿、祿存在命宮，此人還有血液及脾胃方面的疾病要小心，會有皮膚病、濕熱，年幼多病、身體不算健康，且多病災。亦會有腎機能差、腎水不足、性無能及不孕症、精神疾病。命坐亥宮的人有廉貞、貪狼化祿在命宮，其遷移宮有祿存相照，也是幼年身體弱，要小心脾胃、肝膽，及腎臟功能不佳，亦有性無能及不孕狀況，或是癌症跡象。更要注意精神疾病，及神經系統不良症。

命宮是廉貞、貪狼化忌的人，其疾厄宮是天機居廟。命坐巳宮的人，遷移宮有陀羅。命坐亥宮的人，命宮中也會有陀羅星，因此形成廉貪陀『風流彩杖』格帶化忌的格局。此種命格的人，要小心肝腎、膽部不好、手足有傷、頭臉破相、牙齒壞，及性病或被侵害、受強暴等問題。也會腦神經衰弱，有精神異常之現象，或有肝膽癌症、血液方面的問題。

廉貞、貪狼、陀羅坐命巳宮的人，是丁年生的人，其父母宮是巨門化忌，其疾厄宮是天機化科，這在前面疾厄宮是天機居廟化科時已談過。

廉貞、貪狼、火星坐命的人和廉貞、貪狼、鈴星坐命的人，以及疾厄宮是天機居廟、火星或天機居廟、鈴星居廟人，都要小心肝、脾、腎不好，有皮膚病、濕毒、肝火旺、有腎虧陰虛，性無能、不孕症或精神上之疾病。

空宮坐命有廉貪相照的人

空宮坐命巳、亥宮有廉貪相照的人，其疾厄宮是巨門居旺。身體大致還好。要小心氣喘、氣管炎、脾胃不佳、濕熱、濕瘡、頑癬、皮膚病及眼病，亦會有腸胃、消化系統的毛病、痔瘡、十二指腸潰瘍等等。其人在小時亦患膿血之災、長瘡、癩痢頭等皮膚病，長大後稍好。其他的病症如血液、肝膽的毛病、婦女病如卵巢炎或長瘤都要小心，男子也易有陽痿、腎虧、不孕等症。

疾厄宮有巨門、祿存在午宮時，是己年生的人，幼年身體不好，常生病，有氣喘、呼吸系統不佳，脾胃不佳及消化系統、膀胱等泌尿系統的毛病，要小心。亦會有腎水不足、生殖力弱及眼目不好、皮膚病等等。

疾厄宮有巨門化忌、祿存在午宮時，是丁年生的人，也是空宮坐命亥宮的人，自幼身體不佳，會有氣喘、脾胃不佳、消化系統、血液、肝腎的毛病，易生癌症或絕症。最要小心腎水不足、傷腎及傷眼目和消化系統、血液方面的癌症，不好治療。

疾厄宮有巨門化權、祿存時，是癸年生，坐命巳宮會遇到的，表示有肝膽、肺部、脾胃的腹中疾病，要小心消化系統、泌尿系統、內分泌系統的病症，自幼身體不好，常有疾病麻煩，也會有皮膚病、血液的毛病、或性病、性無能等病症。

疾厄宮有巨門化祿時，是辛年生的人會遇到的。易有哮喘症、呼吸系統、消化系統、脾胃、大腸方面的病症、痔瘡、腸熱、濕疾、皮膚病、血液循環不良、肝膽不好、腎水不足、腎虧陰虛等毛病，也要小心性病、性無能等症。

空宮坐命也要看命宮中進入那些次級星曜，也會有特殊不同的病症特徵。

祿存坐命有廉貪相照的人，自幼身體不好，常有小病痛、感冒、發燒、脾胃不好、腸炎等等，長大後漸好。但始終有脾胃方面的毛病、肝膽方面的問題，皮膚病、消化不良、脹氣、濕疾、血液方面的毛病、長瘡、腎水不足、腎虧陰虛、眼目不好、性功能不足等症。

陀羅坐命有廉貪相照的人，有頭臉破相、手足、骨骼傷災、牙齒有傷或爛牙、肺部、呼吸道之疾病，濕疾、癬疥、背骨突出、鐵石之傷、筋骨酸痛等病症。而且命、遷二宮形成『廉貪陀』、『風流彩杖』格，為人好色、好淫、易有性病、腎虧陰虛的問題，房事太多，亦會有性無能的狀況。

火星或鈴星坐命，有廉貪相照的人，坐命巳宮，火、鈴居得地合格的位置，身體稍好一些。坐命亥宮，火、鈴居平陷之位，身體稍差一點，但都會有皮膚病、濕毒、聲音瘖啞、身上易長瘤、長瘡、青春痘等症狀。命坐巳宮者，易上火、腸熱、有血液、肝膽方面的疾病，容易發燒、發炎。坐命亥宮者，身體上易有上火下寒的問題，下半身寒涼、腎虧陰虛之病症。火、鈴坐命者，易遇火災、燙傷、發燒、發炎之併發症，也會有意外傷災和病災，更會有性情急躁不安，有精神上之疾病。此命格的人，還會有腎水不足、好色，但又有腎虧陰虛方面的問題，而有間斷性的性無能，或有性功能障礙的現象。

文昌坐命，有廉貪相照的人，文昌坐命在巳宮居廟，在亥宮居平。有高矮和氣質上的差異。表面身體還不錯，但會有肺部、呼吸道方面的疾病和大腸有問題、痔瘡等消化系統的問題，濕疾、肝膽方面的問等等。亦會有頭腦不清、政事顛倒、有輕微的精神疾病，要注意。

文曲坐命，有廉貪相照的人，文曲在巳宮居廟位，在亥宮居旺位，皆屬極旺。文曲屬水，有肝膽方面之疾病，在巳宮，有肝火旺，在亥宮，則肝膽有濕疾。此命格的人，還要小心血液方面的疾病、性病等問題，因好淫、房事過多、有腎虧陰虛的毛病，男子會性功能減弱，精蟲不足，女子有婦女病等等，一生為性事煩惱。

天空、地劫坐命，有廉貪相照的人，幼年多病，有哮喘症、陰濕、肺部、氣管方面的病症，長大後較好一些，但也要注意血液方面、肝膽方面之疾病，要開刀，常有意外傷災、心臟或腦部、頭部的疾病，身體下半部寒涼、腎虧陰虛等毛病，亦會有性病等問題。最要注意有癌症跡象，有短命之虞，小心車禍、傷災的問題，以及精神疾病。

空宮坐命，有廉貪、劫空相照的人，幼年多病，身體不好，易有哮喘、呼吸道之疾病、血液方面的疾病、肝膽的問題，腎虧陰虛、腎水不足、或有出生時即帶有的疾病或性病。心臟、頭部、腦部及神經系統較弱。要小心有癌症、絕症、消化系統有問題要開刀，例如出生時有無肛症，要做人工肛門，亦要小心意外傷災、病災、壽命不長及精神方面之疾病。

天刑坐命有廉貪相照的人，幼年多病，身體有問題，幼年小心小兒麻痺症，會造成身體殘障。東南生人要小心麻瘋病。亦要小心火災、燙傷的殘疾，一生身體不佳、或事業不佳、起起落落，容易有醫療官非，會有精神憂鬱等疾病，成為無用之人。

天府坐命的人

天府居廟坐命丑、未宮的人，其疾厄宮是空宮，有機陰相照。大致身體還不錯。天府五行屬戊土，又坐於丑、未宮土宮，因此土旺，有脾胃不佳的毛病，常有胃不舒服、有胃病、脹氣、濕熱下注、腿腳浮腫等問題。天府坐命於未宮者，會有胃熱的毛病。天府坐於丑宮者，會有胃寒的毛病。就疾厄宮來說，疾厄宮為空宮的人，健康情形不算很強壯、常有小毛病、小病痛。又有機陰相照，代表的是肝、膽、腎較弱、陰水不足，下半身寒冷、陰虧陽痿、婦女病、遺精、生殖系統的毛病。亦可能精蟲不足、不孕等狀況。

疾厄宮再進入次級的星曜時，狀況會更明顯，亦會有特殊的病症出現。

紫微命格論健康

疾厄宮有陀羅星，有機陰相照時，其人常感冒，有肺部疾病、鼻病或呼吸系統之毛病，頭面、手足有傷、身體不好、牙齒有傷或有齲齒。有濕疾、癬疥、背骨突出，鐵石之傷或車禍問題嚴重、筋骨酸痛、陰虧陽痿、下半身寒冷、婦女病、生殖系統的毛病，不孕症等狀況，還要小心肝膽、脾胃不佳的問題。還要小心精神疾病或神經系統不良症。

疾厄宮有祿存，有機陰相照時，其人常感冒，自幼身體不好。要小心肝、腎、脾、胃的毛病較嚴重，腎水不足也會有陰虛、陽痿、生殖系統的毛病，下半身寒冷、婦女病、不孕症等問題。

疾厄宮有火星或鈴星，再有機陰相照時，其人常有意外傷災或病災，有上火下寒的毛病，亦會有肝膽、脾胃不佳的問題，和陰虛、陽痿的毛病，小心濕毒、腸熱、痔瘡、青春痘、瘍疽、長瘡或癬症。亦會有破相、傷災、癲狂之症、精神躁鬱症等的毛病。

天府、擎羊坐命丑、未宮的人，容易八字中缺水，會有腎臟衰弱或有病、眼目之疾，脾胃、腎臟、膀胱要開刀，或眼睛要開刀的狀況，身體不好，也容易不長壽，這是腎水不足的原因。會有車禍、手足的傷災，和頭部、腦部病變、心臟病、神經系統的毛病，也容易憂慮和積勞成疾，亦容易有憂慮症。

天府、陀羅坐命丑、未宮的人，容易有肺部、呼吸系統、下半身寒冷的毛病，身體多傷災、手足頭面有傷、牙齒有傷或齲齒、腎虧陰虛、脾臟、胃部不好，有皮膚病、癬疥、濕氣、過敏等症，也會有背部突起、糖尿病、泌尿系統的毛病。

天府、火星或天府、鈴星坐命丑、未宮的人，這也是刑財命格的人，會有意外之傷災和病災，脾胃不佳、腎水不足的問題，濕熱、瘍疽、長癬瘡或瘤、腿腳浮腫、糖尿病、皮膚病、泌尿系統的疾病、腸熱、便秘、神經系統不良或精神上之躁鬱症。

天府坐命卯、酉宮的人，其疾厄宮是太陽。天府坐命卯宮的人，疾厄宮是太陽陷落。天府坐命酉宮的人，疾厄宮是太陽居旺。

天府坐命卯宮者，身體外表看起來尚好，實則較弱。且有眼目之疾、頭部、腦部、心臟、血壓會有問題，易傷風、感冒、有脾胃方面的問題，反胃或濕疾、香港腳、皮膚病、神經系統、血液循環不良、長瘡、腎水不足、陰虛、婦女病、陽痿、性功能不佳等病症。

天府坐命酉宮者，身體狀況較好，但仍要小心心臟、頭部、腦部病變、高血壓的問題，以及傷風感冒、頭痛、皮膚病、脾胃不佳的毛病，也要小心神經系統、腿腳浮腫、濕疾、香港腳等病症，以及陰虛、陽痿等症。

疾厄宮有太陽、擎羊時，頭面有傷，要小心眼疾，有失明之虞，太陽陷落時定會失明。有頭風、頭痛，常傷風感冒的問題，身體不好，亦要注意頭部、腦部病變、心臟病、血壓高、神經系統的毛病、皮膚病、濕疾、腿腳浮腫、糖尿病、陰虛、陽痿等病症。一生會有多次開刀事件，亦有傷災、車禍、小心性命，注意流年運程。也易憂慮，有精神疾病。

疾厄宮有太陽、陀羅時，頭面有傷，要小心肺部、呼吸系統、常感冒，會引起肺病的問題。亦要小心頭部的傷災、手足的傷災、牙齒不好，有傷或齲齒。或有腦震盪的危險。亦要小心腦部、頭部病變、眼目有疾、心臟有濕疾或身上長癬疥、濕疾、香港腳、背骨突起、鐵石之傷、有筋骨酸痛、易失眠、憂慮、有精神疾病。

疾厄宮有太陽、火星或太陽、鈴星時，要小心眼目之疾，或感冒發燒、發炎所引起之腦部、頭部病變。亦要小心火傷、燙傷而有傷殘現象。其他還要小心心臟病、心臟有濕疾、皮膚病、長瘡、長癬、腳氣病、濕毒、潰瘍、長瘤、聲音瘖啞等病症。以及性急、衝動，易有精神方面的疾病。

疾厄宮有太陽、天空或太陽、地劫時，要注意眼目的疾病，心臟、頭部、腦部的病變，上火下寒之症，腎虧陰虛的毛病，更要注意癌症和難治之症的發生。

疾厄宮有太陽化權時，是辛年生的人，要注意頭部、腦部、心臟、血壓、肝臟方面的問題，健康尚可，但太陽落陷帶化權時，要注意眼目之疾，保肝才能明目，否則也有失明的危險。

疾厄宮有太陽化祿時，是庚年生的人，定有眼目之疾的問題、脾胃不佳的問題出現。太陽陷落帶化祿時，會有腎水不足、腎臟不好而影響眼目。更要注意濕疾、皮膚病、心臟、內臟有濕疾、易感冒、傷風，引起腎炎、膀胱炎等泌尿系統的疾病。

疾厄宮有太陽化忌時，表示有眼目之疾，尤其太陽陷落又化忌，會有瞎眼之狀況。亦會有頭部、腦部病變、血壓高、心臟病，有性命之慮。此外還有腎虧陰虛、神經系統不協調、性功能及內分泌不佳等問題。大腸有病、痔漏便血，會有癌症之跡象。亦會有火傷、燙傷、燒傷、被電殛傷，有性命危險等問題。

天府坐命巳、亥宮的人，其疾厄宮是空宮，對宮是同陰相照。凡是疾厄宮是空宮的人，身體皆不會太強健，但也不會有大病，皆要看對宮相照之星的旺弱，或疾厄宮再進入何次級星而定。例如天府坐命亥宮的人會比天府坐命巳宮的人身體稍強健一點。但有羊陀、火鈴入內也就不算很好了。

天府坐命巳、亥宮的人，比較會有的毛病是脾胃不好的問題，濕疾、皮膚病及泌尿系統、膀胱、下半身寒涼、腎虧陰虛、血液循環不好的毛病，糖尿病、疝氣、濕熱下注、腹脹、肝旺目疾等病症。

疾厄宮有擎羊入宮，對宮有同陰相照時，表示有目疾，亦可能有瞎眼之虞或羊白眼、斜眼之狀況，有常感冒、身體不佳、頭部、腦部病變、心臟疾病、血壓等問題。亦會有手足之傷災、車禍、常開刀等狀況。陰虛、陽痿、下半身寒冷、腎水不足、腎臟病、肝病、性功能不良等症。還會有大腸、消化系統、膀胱、泌尿系統、內分泌系統方面之疾病。亦可能有傷殘現象。

疾厄宮有祿存入宮，有同陰相照時，表示自幼身體弱，問題在於脾胃、常感冒、腎臟、膀胱不好、有皮膚病、胃病、消化系統、泌尿系統不良症，也會有濕疾、腸病、腎水不足、性功能不良等症。

疾厄宮有火星或鈴星，有同陰相照時，有眼目之疾，傷殘現象。會有濕疾、長瘡、長瘤、癬疥、皮膚病、腸熱、上火之現象。也會有腎水不足、泌尿系統、生殖系統、內分泌系統有問題。易有意外傷災、車禍、血光、病災、火傷、燙傷，或生病、感冒、身體易發炎、發燒、瀉痢、疝氣、腎臟、膀胱、身體下部疾病、婦女病，男性生殖器官之疾病、肝火旺、精神性之躁鬱症的疾病等等。

疾厄宮有一個天空星或地劫星，有同陰相照時，有眼目之疾，易生癌症、難治之症，小心肝臟、腎臟、膀胱、泌尿系統、內分泌系統、生殖系統的毛病。也要小心下半身寒冷、腎虧陰虛、腎水不足、性功能不良等症、疝氣、瀉痢、消化系統之疾病。

太陰坐命卯、酉宮的人

太陰坐命卯、酉宮的人，其疾厄宮是武曲居廟。太陰五行屬水，坐命卯宮木宮、水被吸乾。太陰在卯宮落陷，因此身體弱，但外表還健康。太陰在酉宮屬金之宮位，金水相生較好，身體也較強壯。其疾厄宮都是武曲居廟，要注意禍褓多災，肺部、鼻子、氣管炎、肺癆傷、哮喘病等等的疾病。還要注意陰氣虧損、腎虧、腎水不足、疝氣、糖尿病、濕氣下注、皮膚病、下半身寒涼、肝旺目疾、腹脹等問題。

疾厄宮有武曲、擎羊時，要注意肺部、呼吸道、哮喘症、大腸、頭部、腦部病變、心臟病，也要注意腎水不足、腎虧陰虛、性功能不佳、眼目有疾等問題。更要小心常感冒、身體不佳、四肢無力，而導致的腎臟病，或要開刀的毛病。亦會有鐵石之傷、車禍、血光等問題。疾厄宮在戌宮的人較嚴重。

疾厄宮有武曲、陀羅時，要注意傷災、車禍和肺部疾病、肺癆、肺充水、濕氣、皮膚病、呼吸器官的病症、鼻病、癬疥、長瘡、瘤等症狀。也要小心骨骼、手足、牙齒的傷災，背部突起、筋骨酸痛等後遺症。還有腎虧陰虛的毛病。

疾厄宮有武曲化忌、陀羅在戌宮時，此是壬年生的人。要小心肺部、呼吸道的難治之症、癌症或有傷災、傷殘現象，亦有腎病、腎水不足、不孕症或有精神方面之疾病。身體有背部突起、骨骼、脊椎骨畸型之狀、有濕疾、長瘡、癬等皮膚病、腳氣病、眼目之疾、小心傷殘現象。

疾厄宮有武曲、火星或武曲、鈴星時，要小心身體有傷殘現象、眼目有疾、腎水不足、肺部、呼吸道有濕疾，易感冒會發燒、發炎、有腎臟病、濕疾、長瘡癬之疾、皮膚病或上火下寒、生殖系統不良、長瘤等症，亦要注意膀胱、尿道、泌尿系統的毛病、疝氣、婦女病等問題。

疾厄宮有武曲化權時，其人的命宮有太陰化忌，此人是庚年出生的人，有肝氣刑肺之症，小心肺病、氣管炎、鼻病、呼吸道的疾病。亦有肝腎方面的問題，及下半身寒冷、腎水不調、腎虧陰虛的毛病，膀胱、疝氣、婦女病、生殖器官的病症較嚴重。還要小心精神耗弱、憂鬱等精神疾病。

疾厄宮有武曲化祿時，是己年出生的人，要小心肺部疾病、呼吸道、哮喘病等，也要小心脾胃方面的毛病，皮膚病、長瘡、濕疾、青春痘、長癬、膀胱、尿道、分泌系統的毛病，以及腎水不足、陰虛、陽痿的問題，疝氣、婦女病、生殖系統、卵巢、精蟲少、眼目之疾等問題。

疾厄宮有武曲化科時，是甲年生的人，大致身體還好，要小心肺部、呼吸道、大腸、膀胱及下半身寒涼、腎水不足、疝氣、濕疾、眼目不好、腎虧陰虛等毛病。

太陰、擎羊坐命卯、酉宮的人，坐命卯宮是甲年生的人。坐命酉宮是庚年生的人，且有太陰化忌、擎羊在命宮。

太陰、擎羊坐命卯宮的人，自幼身體不佳，有腎病或眼目之疾、身體弱常生病，亦會有頭部、腦部昏脹、頭痛、腦部病變，亦會四肢無力、有手足、頭部傷災。腎水不足是最大的問題，膀胱、尿道、陰道有毛病、婦女病、或卵巢機能不佳。男性是腎虧虛弱、膀胱、尿道、精氣不足、陽痿、下半身寒涼等毛病。亦會有開刀事件，和傷災、車禍事件而傷身或殘疾。

太陰化忌、擎羊坐命酉宮的人，太陰是居旺帶化忌的，但擎羊是居陷的，因此身體也會不好、常感冒多病，有眼目之疾、腎臟不好的疾病。且會有頭部、腦部有病變、心臟不好、四肢無力症、神經系統不良症，有手足多傷、頭部、腦部受傷之狀況，膀胱、尿道、泌尿系統有毛病，婦女病、卵巢長瘤、子宮外孕等問題。男性是下半身寒涼、腎虧陰損、生殖系統有毛病的問題。此命格的人皆要小心傷災、車禍、開刀事件，會有殘疾或精神憂鬱等病症。

太陰化忌、祿存坐命的人，是乙年生，坐命卯宮的人，要小心眼目之疾、脾胃的問題、膀胱不好、尿道、腎水不足、陰虛虧損、婦女病、生殖系統的問題。皮膚病、濕症、疝氣，有關於腎臟、膀胱、生殖系統之癌症或難治之症。

太陰、祿存坐命酉宮的人，是辛年生的人，要注意脾胃不佳的問題、膀胱不好、尿道、陰道、泌尿系統之毛病、疝氣、生殖系統之毛病、腎水不足、皮膚病、濕氣等問題。

太陰、火星或太陰、鈴星坐命卯、酉宮的人，要注意眼目之疾、腎臟、膀胱、婦女病、生殖系統不良症，以及濕疾、長瘡、癬。皮膚病、青春痘、長瘤等症狀。另外要小心躁鬱症、精神疾病等。

太陰坐命辰、戌宮的人

太陰坐命辰、戌宮的人，其疾厄宮是空宮，有廉貪相照，身體較弱，常感冒，有小病痛，會有神經系統不良症、血液循環不佳、下半身寒冷、膀胱不好、腹脹等病症。太陰五行屬水，坐命於辰、戌宮等屬土的宮位，皆有腎水不足的問題。要小心腎虧陰虛的毛病，有婦女病、陰虛陽痿、眼目不好的疾病。亦要小心情緒所引起的憂鬱症。另外也要小心家族遺傳之神經系統不良、血液或肝腎方面的疾病。

疾厄宮有祿存入宮，有廉貪相照時，自幼身體不佳，常感冒有小病痛、長大後稍好一點，易有脾胃之毛病，會反胃及濕疾、腎水不足、血液、肝臟等毛病，血液循環不佳。腸胃不好，腹脹。要小心陰虛陽痿、下半身寒涼、婦女病、皮膚病、生殖系統、膀胱、泌尿系統之毛病。

疾厄宮有陀羅，有廉貪相照時，要小心肺部、呼吸道之疾病，咳嗽、濕疾、心臟等毛病，亦要小心傷災、手足傷害、殘疾、牙齒受傷、爛牙等毛病。以及性病及陰虧腎虛、生殖系統長瘤、瘍疽等症。亦有房事過度、精力不足、精神不濟之症。還有癬疥、背骨突起、肝腎不佳、血液、造精機能不全等症。亦有精神上之疾病。

疾厄宮有火星、鈴星時，對宮有廉貪相照的人，要小心濕疾和上火之症。會有皮膚病、肝腎不好、血液方面疾病、心臟病、高血壓、瘍疽之症、長瘤、癬疥。亦會有腎水不足、陰虛、陽痿等症，或因性病所引起之性機能障礙。婦女病、生殖系統之病症，膀胱、泌尿系統之病症等等。

太陰化權坐命辰、戌宮的人，坐命辰宮，命宮還有陀羅同宮，要注意肺部、氣管呼吸道之疾病與生殖、泌尿系統之疾病。以及肝腎不好等問題。坐命戌宮的人，有陀羅在對宮（遷移宮）相照，要小心骨骼傷災、牙齒不好，以及感冒、呼吸系統、泌尿系統、肝腎有問題等病症。

太陰化祿坐命的人，是丁年生的人，要小心脾胃、泌尿系統、膀胱、疝氣、腹脹、皮膚病、腎水不足、陰虛陽痿等問題。

太陰化科坐命的人，是癸年生的人，因父母宮有廉貞、貪狼化忌相照疾厄宮，要小心血液、肝膽的毛病，泌尿系統、膀胱、生殖系統、內分泌系統的問題以及神經痛、關節炎。

太陰化忌坐命辰、戌宮的人，要小心腎水不足、膀胱、泌尿系統、生殖系統有癌症或難治之病。也要小心血液、肝臟的毛病。亦會有精神上、憂鬱等病症。身體不好、下半身寒冷，常感冒、精神不好。內向、自閉。

太陰坐命巳、亥宮的人

太陰坐命巳、亥宮的人，其疾厄宮是紫微星。坐命亥宮的人身體較好，坐命巳宮的人身體稍差一點，常感冒，有腎臟、膀胱、血液、肝臟較弱的疾病，也容易有陰虛陽痿的狀況，要保養身體。坐命巳宮的人會有腎水不足、肝火旺、腎虧陰虛較嚴重的狀況，其疾厄宮是紫微居平，是故身體還不錯。他們自己也重視身體的保養，有病也會找到良醫療治。太陰坐命的人喜歡看病、很寶貝自己。尤其太陰居廟坐命亥宮的人，疾厄宮是紫微居廟，很講究健身、運動、身體很不錯，仍要注意皮膚病、頭部、腦部、脾胃、膀胱、泌尿系統的問題。

疾厄宮有紫微、擎羊時，表示有頭部、腦部之病變。有眼目之疾、四肢、頭面有傷、四肢無力的現象。亦會有心臟之疾病、胃部、脾臟不佳、有皮膚病、血液、車禍、鐵石之傷，也要小心腎水不足、陰虛陽痿、膀胱之疾之問題。還要小心精神耗弱症。

疾厄宮有紫微、祿存時，表示脾胃的問題較嚴重。自幼易感冒、多病，但仍能治得好。小心腎水不足、腎臟、膀胱、泌尿系統、內分泌系統、循環系統不良症。

疾厄宮有紫微、火星或紫微、鈴星時，無大病、有小毛病，腸胃的毛病、易上火、皮膚病、腸熱或乾濕不一，常有意外小病災、傷災，很快就好。亦會長瘡、癬、瘤，但不嚴重。小心腎水不足、腎虧陰虛之毛病，亦要小心發燒、發炎的問題。

太陰化權坐命巳、亥宮的人，是戊年生的人，其遷移宮有天機化忌，表示身體多病，亦有癌症或疑難雜症之象。坐命亥宮的人，疾厄宮是紫微、擎羊在午宮，請看『紫微、擎羊』的部份。坐命巳宮的人，父母宮有貪狼、擎羊，小心有遺傳性的肝疾或大腸、消化系統不良及神經、循環系統不佳、關節炎的病症，或糖尿病等，要小心。這些人全要小心肝疾，轉化為癌症、絕症的問題，或有手足傷殘的問題。

太陰化祿坐命巳、亥宮的人，是丁年生的人，坐命巳宮的人，有太陰化祿、陀羅在命宮，有肺部、呼吸道系統不佳之毛病，亦會頭面有傷、牙齒有傷、齲齒等。更要小心膀胱、脾胃、皮膚病等毛病。

太陰化科坐命巳、亥宮的人，是癸年生的人。命坐亥宮的人，且有太陰化科，陀羅在命宮，要小心身體、牙齒的傷災、頭面破相、膀胱不好、脾胃不佳、陰虛、陽痿、泌尿與生殖系統的毛病。坐命巳宮的人，也是一樣的。

太陰化忌坐命巳、亥宮的人，坐命巳宮的人會較嚴重，要小心癌症及疑難雜症，有關於膀胱、生殖系統、脾胃、消化系統方面的癌症和難治之症，更要注意精神方面之疾病，有憂鬱症、自閉等狀況。

貪狼坐命子、午宮的人

貪狼坐命子、午宮的人，其疾厄宮是空宮，有同巨相照，要注意耳疾和心臟、血壓、神經系統不良等症，以及肝臟不好、酒色之疾、眼目之疾等毛病。還有神經痛、關節炎等問題。

疾厄宮是擎羊、有同巨相照的人，是丁年、乙年、癸年所生之人。

丁年生的人，疾厄宮在未宮，又有天同化權、巨門化忌相照，此人有殘疾現象，亦會有先天性遺傳之疾病，很難醫治。有頭部、腦部之病變、大腸之問題、手足、頭面有傷，一生不健康。亦會有肝腎方面之疾病，心臟、血管、神經系統之問題。腎水不足、腎虧陰虛及精神方面的疾病、耳疾、目疾等毛病。

己年生，疾厄宮在未宮，要小心開刀的問題。頭部、腦部病變、血壓高和神經系統不良症、腸胃的毛病、手足、頭面有傷、心臟較弱、腎虧陰虛、腎水不足、精神不好、四肢無力等病症，也會有耳疾、目疾等。

癸年生，疾厄宮是丑宮的人，有擎羊入宮，對宮有天同、巨門化權相照，更小心耳疾、心臟病、氣喘、眼目之疾，肝腎不好等疾病。

疾厄宮有火星或鈴星時，有同巨相照的人，自幼身體弱、要小心耳疾、心臟、血壓、神經系統、脾胃、肝臟的毛病、腎水不足、皮膚病、大腸的問題、消化系統、泌尿系統、血液方面的問題等，會常感冒，引起肝腎發炎等。要小心濕疾、肝火旺，亦會有精神上之躁鬱症等等。

貪狼化權坐命子、午宮的人，是己年生的人，疾厄宮在未宮時會有擎羊入宮，請看前面之解釋。疾厄宮在丑宮時，因其人父母宮有同巨、擎羊，表示有遺傳之心臟病、耳疾，且要注意肝疾、腎水不足之現象。

貪狼化祿坐命的人，是戊年生的人，**坐命午宮的人**，會有貪狼化祿、擎羊在命宮，因此有頭部、腦部、心臟、血壓、神經系統之毛病，手足傷災、大腸方面的毛病，肝腎不佳、脾胃不好的問題。也要注意腎水不足的問題。有陰虛陽痿的毛病。

坐命子宮的人，擎羊在遷移宮，易多傷災、病災，注意頭部、腦部，易腦震盪，也要小心開刀事件，弱的部位在心臟、血管、肝、脾、腎等部位。

貪狼化忌坐命子、**午宮的人**，是癸年生的人，**坐命子宮的人**，有貪狼化忌、祿存在命宮，父母宮有天同、巨門化權、擎羊，表示有遺傳之心臟、肝臟、脾胃方面之疾病，亦要小心癌症、血液循環系不良、神經系統不良症，或有疑難雜症，以及精神方面之疾病。坐命午宮的人，疾厄宮有擎羊星，請看『疾厄宮是擎羊』的部份。

貪狼坐命寅、申宮的人

貪狼坐命寅、申宮的人，大致身體還好。其疾厄宮是空宮，有機巨相照。貪狼五行屬木，以在寅宮為佳，在申宮有金木相剋的問題，身體較弱。但都有肝臟、膽、腎臟、腳部的問題。小心四肢有傷、酸痛、眼目有疾、氣喘、感冒、脾胃、消化系統的問題、脹氣、濕熱、長瘡、頑癬、皮膚病等問題。

疾厄宮是空宮的人，仍要看是否有次級星曜入內，會有特殊的病癥。

疾厄宮是擎羊，有機巨相照時，要注意頭部、腦部的病變，心臟病、四肢有傷、頭面有傷，亦會有開刀事件。大腸會有問題。肝腎不好、氣喘、肺部的問題，消化系統、脹氣、濕熱、長瘡、頑癬、皮膚病、羊癲瘋、中風、口歪眼斜等病。最重要的是有眼目之疾、腎水不足、腎虧陰虛、膀胱等毛病。更要小心有精神耗弱、多憂鬱之病症。以及意外遭災死亡之事。

疾厄宮是祿存，有機巨相照時，自幼身體不好，常感冒。有脾胃的毛病，注意消化系統、呼吸系統、肝臟、腎臟方面的毛病。皮膚病、濕疾、肺部、氣管的問題。腎水不足、腎虧陰虛、脹氣、有腹中疾病較麻煩。

疾厄宮是火星或鈴星，有機巨相照時，要小心一切上火之症、濕熱、長瘡、長瘤、癬疥、大腸乾濕不一、腸胃、脾臟、肝膽的毛病、皮膚病、糖尿病，常有意外傷災或病災。小心腎水不足、或發炎、發燒引起併發症。疾厄宮有鈴星的人，要小心癲癇之症及精神上之躁鬱症。

貪狼居平化權坐命寅、申宮的人，是己年生的人，疾厄宮是空宮，身體還不錯，但要小心肝、膽、腎方面的毛病。腎水不足、腎虧陰虛、消化系統的毛病，痔瘡、腸胃不佳、濕疾、皮膚病、脹氣、神經系統不良及關節炎等問題。

貪狼化祿坐命寅、申宮的人，是戊年所生的人，疾厄宮是空宮，父母宮有天機化忌、巨門相照疾厄宮，要小心遺傳之疾病，肝病、脾胃不好、糖尿病，以及手足之傷災、肝部、膽部疾病如黃膽病等，亦要小心感冒、咳嗽、氣喘等問題。

貪狼化忌坐命寅、申宮的人，是癸年所生之人，疾厄宮為空宮，父母宮有天機、巨門化權相照疾厄宮，要小心肝部、膽的疾病較嚴重，亦要小心腎水不足、腎虧陰虛的毛病。氣喘、咳嗽、呼吸系統、消化系統的毛病、腸胃不好、腹脹的問題、痔瘡以及精神上之憂鬱症。還有關節炎及神經系統的毛病難治療。

貪狼坐命辰、戌宮的人

貪狼坐命辰、戌宮的人，疾厄宮是太陽。外表還健康，但要小心會有頭部、腦部、心臟、高血壓、神經系統、眼目不佳的問題。貪狼五行屬木，在辰、戌宮土宮，有土木相剋的問題，定有腹中疾病和腎水不足的問題。

貪狼坐命辰宮時，其疾厄宮是太陽陷落，一定有眼目之疾，小心會瞎眼、失明或眼目開刀。也要注意腦部、心臟、肝臟、血壓、腸胃不好，易上火，有精神上之憂鬱症等現象。

貪狼坐命戌宮時，其疾厄宮是太陽居旺，健康較好，仍要小心腦部病變、心臟、血管、血壓、神經系統不良、腸胃易上升、肝腎的問題、腿腳神經系統不佳、血液循環不好、關節炎等等。

疾厄宮有太陽、陀羅時，要注意傷災、手足、骨骼、牙齒的傷災，濕疾、心臟、腦部的病變、腦震盪等問題。還要注意大腸、肺部的毛病。背骨突起、癬疾、長瘡等問題。最嚴重的還是眼目之疾的問題。

疾厄宮是太陽、祿存時，自幼身體不好，容易有小病感冒等事，會有頭痛、腦部、血壓、眼目不好的問題。也會有脾胃方面的問題、濕疾、皮膚病、過敏、腎水不足、腸胃不好、痔瘡、消化系統的毛病。

疾厄宮是太陽、火星或太陽、鈴星時，要小心體內上火、皮膚病、眼目有病、長瘡、長瘤、癬疥、有濕疾，亦會有火傷、燙傷、發燒、發炎的問題，更會有意外的傷災、病災。頭部、腦部的病變，心臟病等。更要小心精神上之躁鬱症及癲癇病症。

貪狼居廟化權坐命辰、戌宮的人，是己年生的人，更要小心肝臟、膽方面的疾病和腹內疾病。其他如頭部、腦部的病變、眼目之疾、腎水不足的問題，脾胃、大腸的問題都還是存在的，關節炎、神經系統不良也要小心。

貪狼化祿坐命辰、戌宮的人，是戊年生的人，要小心肝腎的毛病、脾胃的毛病、消化系統的問題、眼目之疾、腎水不足、腎虧陰虛、頭部、腦部、心臟、血壓要注意。也要注意濕疾、皮膚病、過敏等症。

貪狼化忌坐命辰、戌宮的人，是癸年所生的人。要小心肝腎、膽疾病、眼目之疾、有腎水不足、腎虧陰虛方面的毛病，更要小心癌症和疑難雜症、以及精神上憂鬱整。頭部、腦部、心臟、血壓、神經系統之病等等。

巨門坐命子、午宮的人

巨門坐命子、午宮的人，其疾厄宮是紫破。表面上身體還不錯，但實則仍有潛伏性疾病。例如易感冒、有脾胃的毛病、皮膚病、頭部、腦部、心臟的病變，也會有陰水、腎水不足、陰虛、腎虧、陽痿的問題。消化系統不良、氣喘、咳嗽、下腹寒冷、泌尿系統不佳、內分泌不協調、腸胃不佳、痔瘡、糖尿病等問題。

巨門五行屬水，坐命子宮較好，身體較強健。坐命午宮火宮受剋，身體弱。疾厄宮是紫破、紫微屬土，破軍屬水，有水土相剋之現象。疾厄宮在未宮，紫微土星較旺，破軍則受剋，故有陰虛虧損、腎水不足之現象，肝臟、膀胱會不好。疾厄病在丑宮帶水之土宮，破軍稍旺一點，仍有脾胃不佳、皮膚病、濕氣下注的問題。

巨門本身就代表氣喘、肺部、消化系統、腸道疾病，也代表心臟、血管方面的麻煩。因此這些問題皆要注意。

疾厄宮有紫破、擎羊時，要小心頭部、腦部、心臟病、血壓、眼目的毛病，也要小心傷災、開刀的問題很頻繁。有紫微，雖可獲得醫治，但仍很麻煩，因為身體的毛病多、破洞多。大腸、腎水不足、陰虛、膀胱、泌尿系統、內分泌系統、生殖系道、尿道、婦女病、脾胃、腎等部位有疾病，更要小心性病或不孕症。

疾厄宮有紫破、陀羅時，是甲年和庚年生的人。

甲年所生的巨門坐命午宮的人，其疾厄宮是紫微、破軍化權、陀羅。表示大致健康還好，常要小心傷災、手足有傷、頭面有傷或齲齒，也要小心肺部、氣管、鼻炎等呼吸道的疾病。幼年有皮膚膿腫之病，中年以後要小心心臟、血壓、神經系統不良症，以及脾胃、肝膽的毛病，大腸、消化系統之毛病、濕氣、癬病、背骨突出、鐵石之傷、筋骨酸痛、腎水不足、陰虛腎虧等毛病。

庚年生的人，疾厄宮在未宮（巨門坐命子宮的人）是脾、胃、腎、肺等部位較弱、消化系統、泌尿系統、性功能會弱一些、肝膽的問題易會犯病。

疾厄宮有紫破、火星或紫破、鈴星時，表示易有腦部、頭部、心臟的病變會有目疾，容易傷風感冒，有呼吸系統的毛病、哮喘、鼻病等，亦會脾胃不佳、消化系統不良症，內分泌不良及生殖系統的毛病，陰虧陽痿、腸胃上火、皮膚病、濕毒、瘍疽、長瘡、瘤等症，更會有癲癇症或有精神上之躁鬱症。也常有意外傷災、病災、發炎、發燒之現象。

疾厄宮有紫微化權、破軍時，是壬年生的人，其命宮或遷移宮中有擎羊星，表示你身體很好，但常有意外傷災或破相，有手足、頭部、牙齒的傷災，亦會有頭部、腦部的病變及心臟病，有肝、腎、脾胃方面的問題，亦會有皮膚病、胃不好、消化系統不良、眼目不佳之病。也會有腎水不足、腎虧陰虛的毛病。

疾厄宮有紫微、破軍化權時，是甲年生，命坐未宮的人，要注意有脾胃、肝膽方面的疾病、腎水不足、陰虧、陽痿、經水不調、下腹疼痛、寒冷、遺精或有婦女病、腿疾等以及頭部、腦部、心臟、血管等疾病，會有要開刀之狀況。

疾厄宮有紫微、破軍化祿、擎羊時，其人的命宮中有巨門化權、坐命午宮，表示其人會脾胃的問題較嚴重，會有消化系統的毛病，也會有頭部、腦部病變、心臟不好或多傷災、病災，也多開刀的情形，更有眼目之疾、四肢無力、或有脊椎骨受傷、腎水不足或有腎病、肝膽的毛病、陰虛、陽痿等題。

疾厄宮有紫微化科、破軍時，是乙年生的人。要注意脾胃和腎水不足、陰虛陽痿、以及膀胱的問題，也要注意泌尿系統、消化系統、生殖系統的毛病、常感冒、腦部中風或心臟疾，可能有開刀現象，但終究會找到名醫用很專業的、有氣質的方法來治療。

巨門坐命辰、戌宮的人

巨門居陷坐命辰、戌宮的人，其疾厄宮是武破。表示健康情形不太好。身體會有一些問題。要小心肺部、呼吸系統、支氣管炎、鼻病、哮喘病、氣不足、以及消化系統之毛病或是有腎水不足、經水不調、陰虧、陽痿，下半身寒冷、下腹之病症等。此人常感冒、有小病災，好好壞壞，有肺經方面的病症，有眼目之疾。

疾厄宮是武破、陀羅時，表示其人頭面有傷、牙齒有傷、壞牙、齲齒，身體的狀況不好。有肺部的毛病、肺癆、鼻病、支氣管炎、哮喘病、咳嗽等，濕氣、皮膚病、過敏、癬疥、背骨突出、鐵石之傷、車禍、殘疾、筋骨酸痛、陰虧陽痿、經水不調、陰疾、腿疾、下肢疼痛、遺精、帶下之症，以及消化系統不良症，胃部不好、痔瘡、有癌症跡象等等。

疾厄宮是武殺、祿存時，其人自幼身體不好，常有病災、長大漸好。其人會有肺部、呼吸系統、支氣管炎、鼻病、哮喘病、氣不足以及有消化系統、胃腸有問題、痔瘡、脾臟不佳、有腿腳浮腫、皮膚病、濕熱、過敏現象、陰虧陽痿、腹內氣脹、咳嗽、經水不調、陰疾、腿疾、遺精、帶下、下腹疼痛之疾病。也會有腎水不足、精神不好的問題。

疾厄宮是武破、火星或武破、鈴星時，其人自幼身體不好，常有發燒、發炎、常感冒的現象。有肺部疾病、支氣管炎、鼻病、哮喘病、體內上火下寒、有濕毒或內臟有濕氣、身上易潰爛、瘍疽、癬疥，亦會長瘤、麻面、長青春痘等，亦有眼目之疾。腸胃不佳、痔瘡、大腸癌、腎水不足、陰虧陽痿、脹氣、有泌尿系統或生殖系統方面的病症，亦會有傷殘現象，有精神方面躁鬱症及怪病等等。

巨門、擎羊坐命辰、戌宮的人，是乙年和辛年生的人，一生身體不佳、身體有傷或殘障、眼目一定不好，後會傷殘。腸胃不好、有病或有多次開刀問題。肺部、鼻病、支氣管炎、哮喘病、氣不足、消化系統有問題、最重要的是有腎水不足、陰虧陽痿、下半身寒涼的問題。亦有頭部、腦部、心臟方面的病症、大腸、脾胃、肝膽方面的毛病。亦會有精神憂鬱症。

巨門、陀羅坐命辰、戌宮的人，是丙年、戊年、壬年生的人，會頭面有破相、身體有傷、牙齒有傷、背部突起，易有肺部疾病、肺痨、咯血、哮喘病、消化系統、腸胃有病、內臟有濕氣、長癬疥、長瘤、鐵石、車禍之傷、筋骨酸痛、腎水不足，陰虛虧損、脾胃不佳、脹氣、皮膚病，亦有精神不開朗之精神疾病。

巨門、火星或巨門、鈴星坐命辰、戌宮的人，身體易有殘疾現象、性格衝動也會有精神上之躁鬱病、有精神疾病。眼目有疾、有腹內疾病、消化系統、呼吸系統、泌尿系統、生殖系統全都弱，主要是腎水不足、陰虧陽痿及有肺經方面的病症所致，亦會有肝、膽、肺、心臟、脾、胃方面之疾病、皮膚病等。

天相坐命丑、未宮的人

天相坐命丑、未宮的人，其疾厄宮是空宮，有同梁相照。天相五行屬水，在丑宮是帶癸水的土宮尚好、居廟。其人身體較強健。在未宮是火土宮，其人身體稍弱，仍不錯。因為天相是在土宮坐命，故其人一定有腎水不足、陰虛腎虧的問題，膀胱之疾、糖尿病、寒濕、淋濁、氣虛、泌尿系統和內分泌系統上的問題。疾厄宮是空宮，表示情況不明、很模糊，但有遺傳性的膀胱、疝氣、墜腸、水道疾病，例如腎臟、膀胱炎、尿道炎、陰道炎、腸疾、耳疾、排泄系統的毛病，以及脾胃不佳、脹氣、反胃等問題會浮現。綜合起來說，天相坐命丑、未宮的人，就是要注意脾胃、腎、膀胱方面的疾病。而這些疾病也都是由於腎水不足、腎虧陰虛所引起的。

疾厄宮為空宮時，也要看會進入何者次級星曜，會具有特殊病症意義。

疾厄宮是陀羅居陷，有同梁相照時，表示其人自幼身體不好、多傷災、頭面有傷、身體骨骼有傷，牙齒有傷或齲齒，易有肺部、氣管、鼻病等呼吸道之疾病、有濕氣、癬病、背骨突出、鐵石之傷和車禍傷災等等，亦會有筋骨酸痛之現象，還要小心腎臟、膀胱、疝氣、墜腸及排泄系統和水道系統之病症。以及脾胃不佳、皮膚病等問題。

疾厄宮是祿存，有同梁相照的人，其人自幼身體不佳，脾胃、膀胱、腎水不足、腎臟方面的問題很明顯。易感冒、有腎炎、有過敏現象、皮膚病、陰虛陽痿、消化系統、排泄系統、水道系統（腎、膀胱、尿道、陰道）會有疾病、內分泌系統也會不良。

疾厄宮是火星或鈴星，有同梁相照時，表示其人體內易上火，發燒、發炎、有濕熱之疾、長瘡、癬、瘤、瘍疽等皮膚病、青春痘等，以疾厄宮在寅宮居廟者，上火最嚴重。亦有脾胃不佳的毛病，和腎水不足的毛病，以及有精神方面的疾病和神經系統不良病，以及膀胱、腎、尿道、陰道等排泄系統和水道系統的毛病。

天相、擎羊坐命丑、未宮的人，是丁年、己年、癸年生的人，此命格是『刑印』的格局，福不全，身體較不好。會有眼目之疾，和頭部、腦部、心臟的疾病，也會有手足傷災或脊椎骨的傷災，有頭部、腦部、心臟的疾病，也會有手足傷災或脊椎骨的傷災，有傷殘現象。會有四肢無力、精神不濟的現象，亦會有腎水不足、腎臟、膀胱有毛病要開刀。或有尿道、陰道，生殖系統器官的毛病等等，亦要小心脾胃的問題、皮膚病等，還要小心有精神上之疾病、憂鬱症。

天相、陀羅坐命丑、未宮的人，是甲年和庚年所生的人，要注意頭面破相、骨骼傷災、牙齒有傷或齲齒、爛牙，以及背骨突起。此命格也是福不全、有傷殘現象。會有濕疾、癬疥之病，亦會有肺部、氣管、呼吸道疾病、下半身寒冷、膀胱、尿道、陰道、腎虧陰虛等毛病。會有筋骨酸痛、鐵石之災或車禍傷災等事，亦會有開刀事件，有精神方面之疾病等等。

天相、火星或天相、鈴星坐命丑、未宮的人，亦是病痛、殘疾、帶病延壽之命格。此人會有腎水不足、膀胱、腎臟方面的疾病，較嚴重。會有皮膚病、濕熱、脾胃不佳、過敏、長瘡、癬、瘤等皮膚病，有眼目的毛病以及有精神方面的疾病如躁鬱症等等。

天相坐命卯、酉宮的人

天相坐命卯、酉宮的人，是天相陷落無福。其疾厄宮是空宮，有機梁相照時，此人外表看起來無大礙，但一生不算健康，常有感冒小病、不清爽。有頭痛現象，亦是腎臟不好、腎水不足，有膀胱的問題、肝臟、脾胃的問題、肝膽的問題，皮膚病或常反胃、有胃部不適的毛病、消化系統的問題、大腸也小心有病。另外還有下半身寒涼、泌尿系統、生殖系統的毛病、女性婦女病、男性是陰虛、陽痿等毛病。

疾厄宮有擎羊入宮，有機梁相照時，此人身體不好，此人還有眼目的疾，有瞎眼之虞或有腦部、頭部病變、心臟病、肺病、支氣管炎等，也會四肢有傷、嚴重時會傷殘。頭面有傷、易有開刀事件。腎水不足、腎臟病、膀胱、尿道、陰道、婦女病、陰虛、陽痿、泌尿系統、生殖系統皆有病。亦會有精神不濟、頭昏眼花、有精神疾病、血液循環不良症。

疾厄宮有陀羅進入，有機梁相照時，此人身體不佳，會有常感冒、肺部、氣管、呼吸系統的毛病，也會有手足、骨骼、牙齒的傷災，有腎水不足的現象，脾胃不佳、濕疾、癬症、長瘡、皮膚病、鐵石之傷、車禍血光、筋骨酸痛等現象。亦有肝膽的毛病。

疾厄宮是火星或鈴星入宮，有機梁相照時，會有體內上火的現象，脾胃、肝膽、腎臟較弱，有膀胱之疾、濕疾、皮膚病、瘍疽、長瘡、長癬、瘤之物。亦會常發燒、發炎。有火傷、燙傷的問題。常有意外傷災或病災。眼目之疾、下腹易患病，亦有婦女病或生殖系統之毛病。

天相、擎羊坐命卯、酉宮的人，是最低層次的『刑印』格局，身體定有問題，有傷殘現象。眼目或身上有病的傷殘。可帶病延年，要小心頭部、腦部、心臟、大腸方面的疾病問題。亦常會四肢有傷、無力、精神不足。亦會有腎水不足、陰虛陽痿之現象，有脾胃方面的問題，脹氣、腸胃不好、腎臟、膀胱尤其要小心。皮膚病、濕疾，肝、膽方面的疾病亦要小心脊椎骨受傷。會有精神耗弱、憂鬱的現象。

天相、祿存坐命的卯、酉宮的人，自幼身體不佳，長大後略好。

這是乙年或辛年生的人。乙年生的人，疾厄宮是空宮，對宮相照的是天機化祿、天梁化權，還要特別注意家族遺傳的脾胃、肝腎、膽部不好的毛病，因此身體弱的部份就是腎水不足及膀胱不良的毛病了。其他如皮膚病、過敏、長瘡、腸胃不好，都是由於腎水受到剋制之故了。

天相、火星或天相、鈴星坐命卯、酉宮的人，自幼身體不佳，有殘障現象或帶病延年，有眼目之病、脾胃不好、腎水不足、常感冒，或有發燒、發炎現象，亦有皮膚病、長瘡、瘤、癬、青春痘等問題。有濕熱、內臟有濕疾、腎不好、肝火旺，亦要小心有精神上之疾病難醫治。

天相坐命巳、亥宮的人

天相坐命巳、亥宮的人，天相只居得地合格的位置，尚好，故大致身體還健康。其疾厄宮是太陽。天相坐命巳宮者，疾厄宮的太陽居陷。天相坐命亥宮者，疾厄宮是太陽居旺。此二者皆有眼目之疾，但以太陽居陷較嚴重，且有失明之虞。此命格之人還有心臟、血管、腦部、大小腸方面的疾病，頭部的毛病，如失眠症，和循環系統方面的毛病，是肝旺性急之人。亦要小心血壓高、大腸不佳、有痔漏便血、生殖器的毛病、腦神經衰弱、精神疾病、中風等問題。

疾厄宮有太陽、擎羊時，肯定有眼目之疾，腦神經的毛病和心臟、大腸的問題。會有傷殘現象，如失明、斜視和中風等問題。亦會有腎水不足、肝腎、生殖系統、性功方面的毛病。

疾厄宮有太陽、祿存時，要小心脾胃，大腸方面的問題，以及腦部、頭部病變，心臟的問題和中風、眼目有疾、精神方面的病症。最嚴重的是腎水不足、腎虧陰虛的毛病，這也會影響到眼目方面的疾病、殘疾還有皮膚病、胃部疾病、肝、膽的疾病等等。

疾厄病有太陽、火星或太陽、鈴星時，要小心體內上火、發炎、發燒的毛病，有眼目之疾、腎水不足、腸胃及泌尿系統之毛病，皮膚病、長瘡、長瘤、長瘡、長瘤、長癬。亦會有火傷、燙傷、發燒、發炎的狀況。有腦部、頭部病變、中風、高血壓、心臟病、腦瘤、腦神經產生問題等現象。更要注意陰虛、陽痿、性功能不足的問題，以及精神疾病。

天相、陀羅坐命巳、亥宮的人，是丁年、己年、癸年所生之人，要注意眼目之疾病，頭部、腦部的病變，常感冒、有肺部、氣管不好、呼吸系統的問題。亦要注意心臟、肝腎、脾、胃、大腸等問題。消化系統、循環系統、呼吸系統、泌尿及排泄系統皆要注意。亦要小心精神憂鬱症、皮膚病等等。

天相、祿存坐命巳、亥宮的人，自幼身體不佳，較弱，常感冒，有脾胃的毛病、膀胱的毛病，也會有眼目不佳之病症、腎虧陰虛、腎水不足等病，消化系統、排泄系統要小心。亦要小心濕疾、皮膚病、心臟的毛病。

天相、火星或天相、鈴星坐命巳、亥宮的人，小心會有殘疾與帶病延年的狀況。要注意眼目之疾、肝腎不好、腦部、頭部、血管、血壓、腦中風、心臟病的問題，體內易上火、發炎、發燒，也會腎水不足，有脾胃方面的毛病，皮膚病、長瘡、癬、內臟有濕疾、大腸乾濕不一，有腸病、膀胱之疾，亦會有精神疾病。

天梁坐命子、午宮的人

天梁坐命子、午宮的人，其疾厄宮是天府在丑、未宮居廟。表示一生算是健康少災的人。但是脾胃的毛病、濕熱浮腫之疾、皮膚病、過敏現象等，無大礙。

天梁五行屬戊土，坐命於午宮者，火土增旺，坐命於子宮者，略有水土相剋之狀況。天府亦屬戊土，坐於丑宮，帶水土宮，有濕潤功能。坐於未宮火土宮，有更增土旺的功能。因此天梁坐命於午宮的人，在脾胃之疾與皮膚病方面的問題是較輕的。而天梁坐命子宮的人，脾胃的毛病和皮膚病則稍重的。

天梁坐命子、午宮的人，若命、疾、遷等宮沒有羊陀、火鈴進入，大致上身體是不錯的，只要小心腎水不足的問題，脾胃、消化系統、泌尿系統、過敏、濕疾、皮膚病等問題，就大致平安了。

疾厄宮有天府、擎羊的人，要小心眼目之疾、頭部、腦部、心臟疾病，以及腎水不足、脾胃不佳、濕疾浮腫、腸胃不佳等問題，亦要小心肝腎、大腸等病變，要開刀，或有癌症、疑難雜症等跡象。還要注意精神方面之憂鬱症。

疾厄宮有天府、陀羅時，要小心眼目之疾、肺部、氣管不好、腸胃、脾肝等疾病，小心傷災、牙齒不好以及腎虧陰虛、腎水不足、濕疾、筋骨酸痛等毛病。癬疥、長瘡等問題，以及精神上的疾病。

疾厄宮有天府、火星或天府、鈴星的人，要小心眼目之疾、脾胃、肝腎方面之疾病，也要小心頭部、腦部、血管、心臟、神經系統之毛病。體內上火、有濕疾、過敏、皮膚病、長瘡癬、瘍疽之疾，腹脹、長瘤，亦會有精神上之躁鬱症等。

天梁化祿、擎羊坐命子宮或天梁化祿坐命午宮，對宮有太陽、擎羊相照的人，這是壬年生的人，一定會有眼目之疾，頭部、腦部、心臟、血壓方面的疾病，也易腦中風。頭面有傷、脾胃不好、腸疾，有消化系統之毛病，亦會有腎水不足、肝腎方面的問題，這也影響到生殖系統、腎虧陰虛、精力不足的問題。亦會有精神上之疾病。

天梁、祿存坐命的人，是丁年、己年、癸年生的人。自幼身體不好，定有脾胃的疾病、腎水不足，會有下半身寒冷、腎虧陰虛的毛病。有腸胃病、消化系統的毛病。皮膚病、濕毒、腿腳浮腫、腎病等等。要小心感冒引起之併發症與過敏現象。

天梁、火星或天梁、鈴坐命的人，要小心脾胃、肝腎方面的問題。體內易上火，有腸道及消化系統、泌尿系統的毛病、腎水不足、腎虧陰虛，有腎臟、膀胱之疾、肝膽之疾，亦要小心生殖系統的問題，如不孕、或精蟲少，女性有婦女病等等。濕疾、皮膚病、易長瘡、癬、瘤，或有青春痘等問題。此外：亦要小心精神躁鬱症。

天梁坐命丑、未宮的人

天梁坐命丑、未宮的人，其疾厄宮是紫府。表示身體健康，縱使有小病，亦可得良醫診治。他們會花大錢，請最好的醫生看病。一般來說，他們看病比別人貴、花在醫療上的費用非常捨得。

天梁五行屬戊土，又坐於丑、未宮，土旺得地。疾厄宮的紫微、天府也皆屬土，因此這是一個命格中以土為主的命格，其人在健康上最重要的就是脾胃的問題，只要脾胃顧好了，一生可安逸無憂。但仍要小心脾胃所產生的毛病，如腎水不足、腎虧陰虛、皮膚病、瘍疽、消化系統不良症、腸部疾病、糖尿病、或腎病、膀胱之疾、心臟及腦神經、頭部病變、胃病等，眼目也不佳。

疾厄宮是紫府、陀羅時，亦會有傷災、肺部疾病、呼吸道之疾病、腦部病變，但主要仍以脾胃疾病為主，糖尿病、大腸的問題、痔瘡、皮膚病、濕疾、腳氣病、鐵石之傷、筋骨酸痛、腎水不足，腎弱等病、泌尿系統之毛病、眼目之疾。

疾厄宮是紫府、祿存時，是由年或庚年所生的人，幼年身體不佳，是脾、胃、腎臟的毛病、腎水不足、常感冒，引起腎臟炎。胃部也不好，會反胃、有胃病、皮膚病、過敏、濕毒、腳氣病、肝臟連帶有問題。但以腎臟的毛病為主。眼目不好。

疾厄宮是紫府、火星或紫府、鈴星時，要小心體內火旺、腎水不足，有濕疾、皮膚病、眼目不好、肝火旺。有脾臟、胃部的毛病、糖尿病、腸胃炎、痔瘡等毛病。易長癬、瘡、瘤、瘍疽之疾。亦會有精神躁鬱症。

天梁、擎羊坐命丑、未宮的人，是丁年、己年、壬年所生的人，肯定有眼目之疾、頭部、腦部、心臟、血壓上的毛病，以及腎水不足、腎臟病、皮膚病、陰虛、陽痿、不孕症等疾病。也會有精神上之憂鬱症。

天梁、陀羅坐命丑、未宮的人，是甲年、庚年所生的人，會有傷災、牙齒有傷或爛牙。有肺部、呼吸道、鼻病、腎水不足、腎虧陰虛等問題。亦會有脾胃的毛病、胃病、糖尿病、皮膚病、過敏、鐵石之傷、筋骨酸痛、呼吸系統、消化系統、泌尿系統、生殖系統有問題，要小心濕疾、長瘡、癬等皮膚病。

天梁、火星或天梁、鈴星坐命的人，要小心脾胃的毛病、濕疾、消化系統、痔瘡、腹內疾病、發炎、發燒、皮膚病、瘍疽、潰爛、長瘡、癬、胃部不好、肝火旺，亦有精神上之躁鬱症。

天梁坐命巳、亥宮的人

天梁坐命巳、亥宮的人，其疾厄宮是武府。表面看起來還算健康。天梁屬土，坐命巳宮屬火之宮位，身體尚健康。坐命亥宮者身體弱。但都要注意肺部、氣管、呼吸系統、鼻病，以及腎水不足、經水不調的問題，會有陰虛、腎虧之現象。胃部毛病、脾臟不好，有皮膚病、濕疾、腸部毛病、痔瘡、腸熱或胃口不佳。常感冒，亦會引發腎疾、肝疾。或有肝火旺、犯胃之病症。亦會有浮腫的現象。

疾厄宮有武府、擎羊時，是丙、戊、壬年生的人，要小心肺部、呼吸道、鼻病、脾胃的毛病以腦部、頭部病變、心臟病、中風等，亦會頭痛、四肢無力、大腸有問題，亦會多傷災與開刀事件。壬年生的人有武曲化忌、天府、擎羊在疾厄宮的人，要小心車禍、鐵石之災致命，或有肺部、呼吸系統、脾胃、腎臟有癌症及疑難雜症難醫治，更會因此常開刀或病亡。亦有眼目之疾。

疾厄宮有武府、祿存，自小體弱多病、常感冒、會有肺部、氣管炎、鼻病、呼吸系統之毛病。亦會有脾臟、胃部之疾病、腎水不足、腎臟、膀胱有問題、濕疾、皮膚病等等。

疾厄宮是武府、火星或武府、鈴星時，要小心肝部、呼吸系統、疾病、與脾胃不佳、腎水不足、濕疾、大腸、消化系統、泌尿系統的毛病，會有皮膚病、瘍疽、長癬、瘡、瘤等，體內易上火，發燒或發炎，大腸有疾、青春痘亦或生殖系統的問題。還會有精神上之躁鬱症。

天梁、陀羅坐命巳、亥宮的人，頭面有傷、手足、牙齒有傷、常感冒、有肺部、鼻病、呼吸道之疾病，亦有脾胃不佳的毛病，大腸的疾病、濕疾、腎水不足、陰虛陽痿、經血不足，有腎病、鐵石之傷，筋骨酸痛等症。

天梁、祿存坐命巳、亥宮的人，是丙年、戊年、壬年生的人，**丙年生的人**有天同化祿在遷宮相照命宮，是『雙祿』的格局。此人的疾厄宮或父母宮中會有擎羊出現。表示此人有腎水不足的現象，也要小心脾胃方面的問題，皮膚病、濕疾等，更要注意陰虛腎虧的毛病。

壬年生的人有天梁化祿在命宮，祿存會在命宮或遷移宮，形成『雙祿』格局，腎水不足的問題會更嚴重，要小心陰虛腎虧的毛病，以及脾胃不適的毛病、濕疾、浮腫、皮膚病也會清楚呈現。也因有擎羊在父宮或疾厄宮出現，更要注意腦部、心臟、大腸、有目疾等問題。壬年生，命坐巳宮的人，疾厄宮是『武曲化忌、天府、擎羊』，請看前面之解釋。

天梁、火星或天梁、鈴坐命巳、亥宮的人，要小心腎水不足、眼目之之疾、體內上火及發燒、發炎等狀況。也要小心脾胃、腸疾以及肝腎方面之疾病。濕疾、皮膚病、消化系統之毛病，以及精神躁鬱症等。

七殺坐命子、午宮的人

七殺坐命子、午宮的人，其疾厄宮是太陽、太陰。必有眼目之疾。而且有頭部與下體的毛病。例如頭部、腦部病變、心臟病、血壓高、腦中風等問題，以及下半身寒冷、腎虧陰虛，或陽痿、婦女病、生殖系統有毛病等問題。此人易感冒，身體弱。自幼身體毛病多，長大後漸好，也會有肺經之疾，傷肝、肺癆傷、脇肋炎、大腸乾濕不一、痔瘡等症。

疾厄宮有太陽、太陰、擎羊時，有頭病、眼目之疾，小心失明。亦會有腦部、頭部、心臟病、神經系統的毛病、中風、大腸、肝臟、肺

紫微命格論健康

部癆傷等問題。容易常感冒，有腎臟、膀胱、婦女病、瀉痢、疝氣、身體下部的疾病。腎水不足，肝病最嚴重。亦會有濕症、皮膚病及精神方面之憂鬱症等。以及開刀事件，有傷殘現象。

疾厄宮有太陽、太陰、陀羅時，多傷災、手足、頭面、牙齒之傷災、肺部呼吸道之疾病、鼻病等，易感冒、腎水不足、濕疾、大腸、消化系統之毛病。眼目之疾、腎臟病、膀胱之疾、下半身寒冷、生殖系統之疾病、不孕等症。亦會有鐵石之傷、車禍血光、中風。身上長瘡、癬等問題。

疾厄宮有太陽、太陰、火星或太陽、太陰、鈴星時，身體多傷，也有意外之傷災、病災。眼目有疾、腎水不足，有頭部、腦部、心臟、血壓方面的問、腦中風等，亦有濕疾、皮膚病、長瘡、瘍疽、長瘤等。易感冒發燒、發炎，或被火燒傷、燙傷。肝、腎不好，脾胃也不佳。下半身寒冷、陰虛陽痿、腎虧、婦女病、疝氣、生殖系統不良症，亦要小心精神躁鬱症。

七殺坐命，子、午宮有武曲化祿、天府相照命宮的人，是己年生的人，其人幼年身體不佳，成年後較好。會有祿存在命宮或遷移宮，常感冒，有腎水不足、脾胃方面的毛病，亦要小心常感冒引起的肝腎問題，和脾胃問題。會有皮膚病、胃部較不適。

七殺坐命子、午宮，對宮有武曲化權、天府相照的人，是庚年所生之人。坐命子宮者疾厄宮會有太陽、太陰化忌。陀羅坐命午宮者，則疾厄宮是太陽、太陰化忌。陀羅在父母宮，這表示有眼目之疾，易感冒，有肺部、呼吸系統之毛病，也會有頭部、腦部、心臟病、腦中風的問題。但最大的問題還是在陰虛陽痿方面，或在生殖系統、子宮、卵巢、陰道和泌尿系統、膀胱、腎、尿道等有癌症，或難治之症，因此可能有不孕的問題，並且腎臟、膀胱有較嚴重之疾病。

七殺坐命子、午宮，對宮有武曲化忌、天府擎羊相照的人，是壬年所生之人。疾厄宮只有太陽、太陰。此人要注意傷災問題較嚴重，以及感冒，肺部、氣管有癌症會難治之症。下半身寒涼，眼目有疾、頭部、腦部、心臟的病變、腦中風等，腎虧陰虛的問題。

七殺坐命寅、申宮的人

七殺坐命寅、申宮的人，其疾厄宮是太陰。命坐寅宮的人，疾厄宮的太陰居旺。命坐申宮的人，太陰居陷，但這都要小心有眼目之疾，以及小心易感冒，自幼身體不佳，長大後略好，有肺經之疾，肝病、癆傷、肋肋炎以及大腸乾溼不一，陽痿等症。以及腎臟、膀胱、瀉痢、疝氣、陰塞等問題。當太陰居陷在疾厄宮時要小心傷殘，肺癆、腎水不足、陰虛腎虧，不孕等現象（此即是傷殘）。婦女要小心婦女病，卵巢、子宮等問題。

疾厄宮有太陰、擎羊時，定有目疾、陰虧的毛病。太陰陷落加擎羊時，問題更嚴重，有眼目成殘，或不孕有病，要小心感冒所引起之肺部、呼吸道之疾病，頭部、腦部、心臟、血壓、神經系統之毛病。還有大腸之病變。更要注意腎臟、膀胱，泌尿系統與生殖系統之病變，婦女病、陽痿、陰虧等問題。

疾厄宮有太陰、祿存時，自幼身體不好，一生也較虛弱，常有感冒所引起之病症，不但有肺部、呼吸道之疾病，肝腎也不好，脾胃也不好，會有腎水不足，陰虛陽痿的問題，有太陽等消化系統、泌尿系統、生殖系統的毛病。婦女要注意婦女病，陰塞等問題。

疾厄宮有太陰、火星或太陰、鈴星時，要小心眼目之疾，或身體有傷殘、有腎水不足、上火下寒之毛病。亦會有濕毒、神經系統不協調，泌尿系統的毛病、皮膚病、長瘡、潰瘍、長瘤、癬等狀況，易感冒或發燒、發炎，腎臟與膀胱方面的疾病、呼吸道、肺部、大腸的疾病，以及精神上之躁鬱症等等。

疾厄宮有太陰、天空或太陰、地劫的人，除了前述有肺經之疾，腎水不足，下半身的疾病、婦女病、腎虧陰虛之外，還要小心癌症和難治之病症，問題就泌尿系統和生殖系統的病症。

七殺坐命辰、戌宮的人

七殺坐命辰、戌宮的人，其疾厄宮是太陰星。命坐辰宮的人疾厄宮是太陰居廟。命坐戌宮的人疾宮是太陰居陷。因此七殺坐命辰宮的人身體較好一些。七殺坐命戌宮的人，身體較差，也易有傷殘現象。

七殺坐命辰、戌宮的人，自幼身體不佳，常生病，長成後漸好。其人會常感冒、咳嗽、有肺經之疾，肺癆、呼吸道等問題，也易有鼻病，腎水不足、腎虧陰虛，腎臟和膀胱不好，下半身寒涼、精血不足，疝氣，陰塞、大腸的病變、瀉痢、生殖系統的毛病。女性易有婦女病、卵巢、子宮有問題。男子易有不孕症、陽痿等疾。亦要小心眼目之疾，和心臟較弱，肝疾等。

疾厄宮有太陰、陀羅的人，要小心眼目之疾，頭面、身體、牙齒有傷。肺疾，呼吸系統和泌尿系統的毛病。還有濕疾、皮膚病、癬疥，鐵石之傷、車禍的傷災。亦要小心肝腎的毛病，筋骨酸痛、腹脹、婦女病、卵巢及子宮不好，有毛病。背部突起，膀胱、尿道、陰道、內分泌系統的毛病。

疾厄宮有太陰、火星或太陰、鈴星時，要小心膀胱，肝腎、肺部之疾病，內臟有濕疾，常感冒發燒、發炎，濕疾皮膚病、瘍疽之疾，亦會有上火下寒，生殖系統、泌尿系統有毛病，腹脹、內分泌失調，婦女病、青春痘，有意外之傷災、病災，亦會有精神躁鬱症。

破軍坐命子、午宮的人

破軍坐命子、午宮的人，其疾厄宮是天梁居旺，表示身體不錯，因為疾厄宮的天梁坐於丑，木宮土宮，適得其所。但是仍小心腎水不足，有脾胃方面的問題，濕疾、腿腳浮腫、易生皮膚病，或膿腫之災，以及陰虧，陽痿，經水不調、腿疾、陰疾、遺精、帶下、下腹寒涼、疼痛等病症。

疾厄宮有天梁、擎羊時，要小心眼目之疾，腎水不足、腎病或陰虛腎虧的毛病。也要小心頭部、腦部、心臟、血壓、血管及神經系統之病變，還要小心脾胃不佳的毛病，肺部、大腸、肝病的問題，消化系統、泌尿系統、生殖系統皆要注意，傷災、開刀事件以及精神上之病症。

疾厄宮有天梁、陀羅時，要注意眼目之疾、腎水不足、肺部、癆傷、咳嗽、腎虧陰虛、脾胃之疾病、濕疾、腿腳浮腫、經水不調、生殖系統的病症。以及傷災、血光、開刀事件、筋骨酸痛。皮膚病、癬疥等。

疾厄宮有天梁、火星或天梁、鈴星時，要注意脾胃不佳、濕熱之疾，發炎、發燒之現象，以及腎虧陰虛，腎臟、膀胱之病症，腎水不足，陽痿、不孕、遺精、帶下、下腹寒冷疼痛之症。亦要小心皮膚病、濕毒、長瘡、長癬、瘤、瘍疽等症，以及精神上之躁鬱症。

破軍化權坐命子、午宮的人，嚴重的是肝腎脾胃的毛病。

破軍化祿坐命子、午宮的人，嚴重的是腎、脾、胃、陰虧、陽痿、目疾的毛病。

破軍坐命寅、申宮的人

破軍坐命寅、申宮的人，其疾厄宮是太陽、天梁。身體大致還好。破軍坐命申宮的人，疾厄宮的陽梁居廟，身體不錯。但仍要注意頭部、腦部病變、心臟、高血壓、神經系統、腦中風的問題，以及脾胃不佳的問題，有胃病、皮膚病、濕疾、腎水不足、婦女病、經水不調、子宮及卵巢的問題。男子有陰虛、陽痿、遺精、腎虧的問題。因此要小心泌尿系統與生殖系統、消化系統、痔瘡、大腸癌、呼吸系統、血液循環、腎臟、膀胱等問題、眼目之疾。

※破軍坐命者，身體都會破，必有傷災、開刀、身體有毛病的狀況。

疾厄宮有陽梁、擎羊時，會有眼目之疾，頭部、腦部、心臟、高血壓、神經系統不良、腦中風、大腸有疾的狀況嚴重。還會有脾胃的毛病，腎水不足的毛病、皮膚病、肝臟的毛病、腎虧陰虛、經水不足、婦女病、生殖系統的疾病，及遺精、腎虧，亦有精神上之憂鬱症。

疾厄宮有陽梁、祿存時，自幼身體不佳常感冒，有頭部疼痛、腦部病變、中風等問題。更會有脾胃的毛病，皮膚病、腎水不足、腎虧陰虛、陽痿之疾、生殖系統的毛病、膀胱、腎病、皮膚病等問題。

疾厄宮有陽梁、火星或陽梁、鈴星等，要小心脾胃不佳、眼目之疾、腎水不足、腎虧陰虛，以及常感冒發燒、發炎、濕疾、皮膚病、瘍疽、長瘤、長瘡、癬疥等狀。內臟有濕疾，以及有意外傷災、病災、腦中風、頭部之疾、腦瘤等，心臟病、肝火旺、大腸有疾、痔瘡等，亦會有精神上之躁鬱症。

破軍坐命辰、戌宮的人

破軍坐命辰、戌宮的人，其疾厄宮是天梁陷落。表示此人最麻煩的就是脾、胃的問題了，會有濕疾、皮膚病、肝旺、濕熱、腿腳浮腫，反胃或胃寒、不舒服等毛病，也會有胃病、糖尿病、消化系統不良、腸疾、陰虧陽痿、經水不調、陰疾、遺精、帶下、下腫之疾病、婦女病、子宮、卵巢等病變。且多傷災、開刀等事件。

疾厄宮是天梁陷落、陀羅時，表示有頭面、骨骼、牙齒的傷災，亦有腎水不足、陰虛腎虧、陽痿之疾、濕疾、皮膚病、婦女病、肺部疾病、大腸有問題，背部突起、筋骨酸痛、癬疥等症。

疾厄宮有天梁陷落、祿存時，其人幼年身體就差，多病。易感冒，成年後稍好。其人最大的問題在於脾胃不佳、腎水不足，有皮膚病、濕疾、腿腳浮腫、糖尿病、水道方面的疾病，如膀胱、腎臟、尿道、陰道、內分泌系統、泌尿系統、內分泌系統有問題。

疾厄宮有天梁陷落、火星或天梁陷落、鈴星時，表示有脾胃方面的毛病、體內易上火、肝火旺、腎水不足、陰虛腎虧、濕疾、皮膚病、瘍疽、長瘡、癬疥，亦有意外傷災、病災，及精神上之躁鬱症等。

疾厄宮有天梁陷落化權的人，是乙年出生的人，特別要注意肝腎、膽部方面的疾病。

疾厄宮有天梁陷落化祿的人，是壬年出生的人，特別要注意脾胃的毛病，是加重的，還有腎水不足、皮膚病的問題。

疾厄宮有天梁陷落化科的人，是己年生的人，特別要注意脾胃、膀胱的問題、腎水不足的毛病。

◎有關於祿存坐命、擎羊坐命、陀羅坐命、火星坐命、鈴星坐命，皆為空宮坐命的人，請看對宮星曜為何，再去找所屬的星曜來觀看。例如『祿存坐命，有同梁相照』的命格，請看『空宮坐命有同梁相照的人』之部份。

◎其他有關命理與病理相互印證的理論會在下冊中述及。請看下冊的 內容。

下冊目錄

理生活新智慧・叢書

紫微斗數全書詳析

《上、中、下》三冊一套

◎法雲居士◎著

紫微斗數全書』是學習紫微斗數者必先熟讀的一本書。但是這本書經過歷代人士的添補、解說或後人在翻印上植字有誤，很多文義已有模糊不清的問題。

法雲居士為方便後學者在學習上減低困難度，特將『紫微斗數全書』中的文章譯出，並詳加解釋，更正錯字，並分析命理格局的形成，和解釋命理格局的典故。使你一目瞭然，更能心領神會。

這是一本進入紫微世界的工具書，同時也是一把打開斗數命理的金鑰匙。

移民、投資方位學

這本『移民·投資方位學』是順應現代世界移民潮流而
精心研究所推出的一本書，
每個人都有自己專屬的生命磁場的方位，
才能生活、生存的愉快順利，也才會容易獲得財富。
搞不清自己生命磁場方位而誤入忌方的人，
甚至會遭受劫殺。至少也會賺不到錢而窮困。

法雲居士利用紫微命理的方式向你解釋
為什麼有些人會在移民或向外投資上發展成功，
為什麼某些人會失敗、困頓，
怎麼樣才能找對自己的正確方向，
使你在移民、對外投資上，才不會去走冤枉路、花冤枉錢。

紫微算命講義

本書是法雲居士集多年論命之經驗，與對命理之體會所成就的一本書。本書本來是為研習命理的學生所作之講義，現今公開，供給一般對命理有興趣的朋友來應用參考。

本書內容豐富，把紫微星曜在每一個宮位，和所遇到的星曜相結合時所代表的特殊意義，都加以一一說明。星曜在每個位置所代表的吉度，亦有詳細分析，因此本書是迅速進入紫微命理世界的鑰匙。有了這本『紫微算命講義』，你算命的技巧，立刻就擁有深層的功力，是學命者不得不讀的一本書。

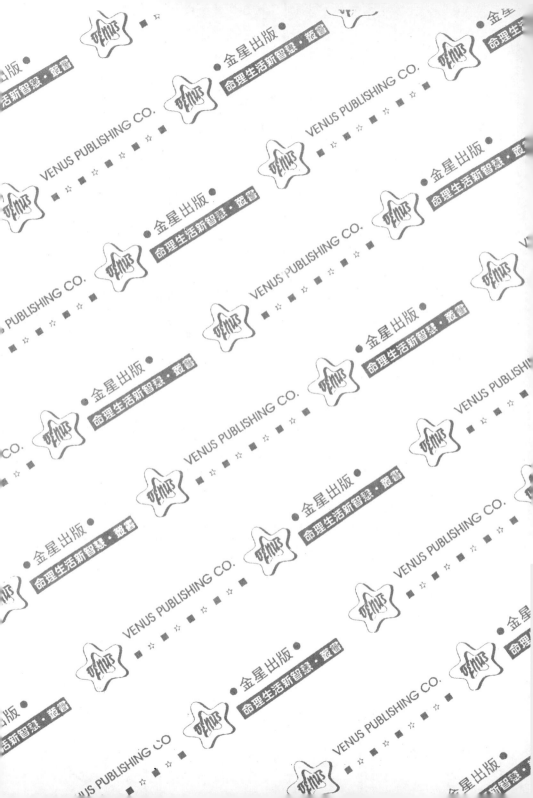